とうきょうけんちくじょし

東京建築女子
風格設計旅店選

入住建築大師之作、百年銀行&小學、
森林別墅、京町家民宿……
享受專屬你的泊食慢時光

李昀蓁｜著

自序

東京建築女子第三本書要寫些什麼，幾乎是每個月寫專欄文時都會出現的小煩惱。最初喜歡日本建築的原因，是因為被獨棟住宅設計裡的那些挑戰所吸引；實際住到日本後，對他們的「住文化」產生了興趣，研究、閱讀了書籍後，也在「every little d」每月專欄裡分享過關於日本住文化的文章。第三本書曾想分享日本各種不同的住宿型態，後來想想，自己在工作上經常碰觸到的「旅店設計」，也是「住宿」的另外一種型態。無論是因為工作或私人的旅行，經常在探訪建築時順道入住有趣的設計旅店，對我來說，是寶貴的學習，也是經驗的累積。

在東京建築師事務所的工作，與旅店設計有著很大的連結，托老闆的福體驗了幾間高級飯店，自己旅行時也會特別探訪知名建築家操刀的旅店；無論是風華絕代的經典旅宿、時髦的都市型旅店，甚或是建築家展現無數創意的設計型空間，旅店型態有了許多有趣的變化，新的概念與新的火花，不但展現與以往不一樣的觀點，也讓人大開眼界。

這幾年雖然還是有好幾次的建築出走，但比起當初似乎少了一點熱情與衝勁，行程也寬鬆了不少，相較於過去那樣匆忙地走訪建築，現在更享受在每個點停留時所感受的空間氛圍。近期的幾次出走，「旅店」更是成了行程中的重點之一，建築旅行中觀察、體驗的「旅店設計」，也成為旅途中令人驚喜的一部分；而且，能在有趣的空間裡好好睡上一覺，更讓隔日旅程充滿精神與元氣。

在《東京建築女子》、《東京建築女子的日本建築選品》匆忙的建築旅行之後，好好休息一下，這本書將分享這幾年體驗過的日本旅店，以及體驗旅宿時經常會注意的小細節。

Contents

輯四 THE SHARE HOTELS・與地域共生的年輕旅店品牌

輯五 都市型設計旅宿・在東京感受時髦生活

輯六 設計型特色旅宿・尋訪日本各地的建築師作品

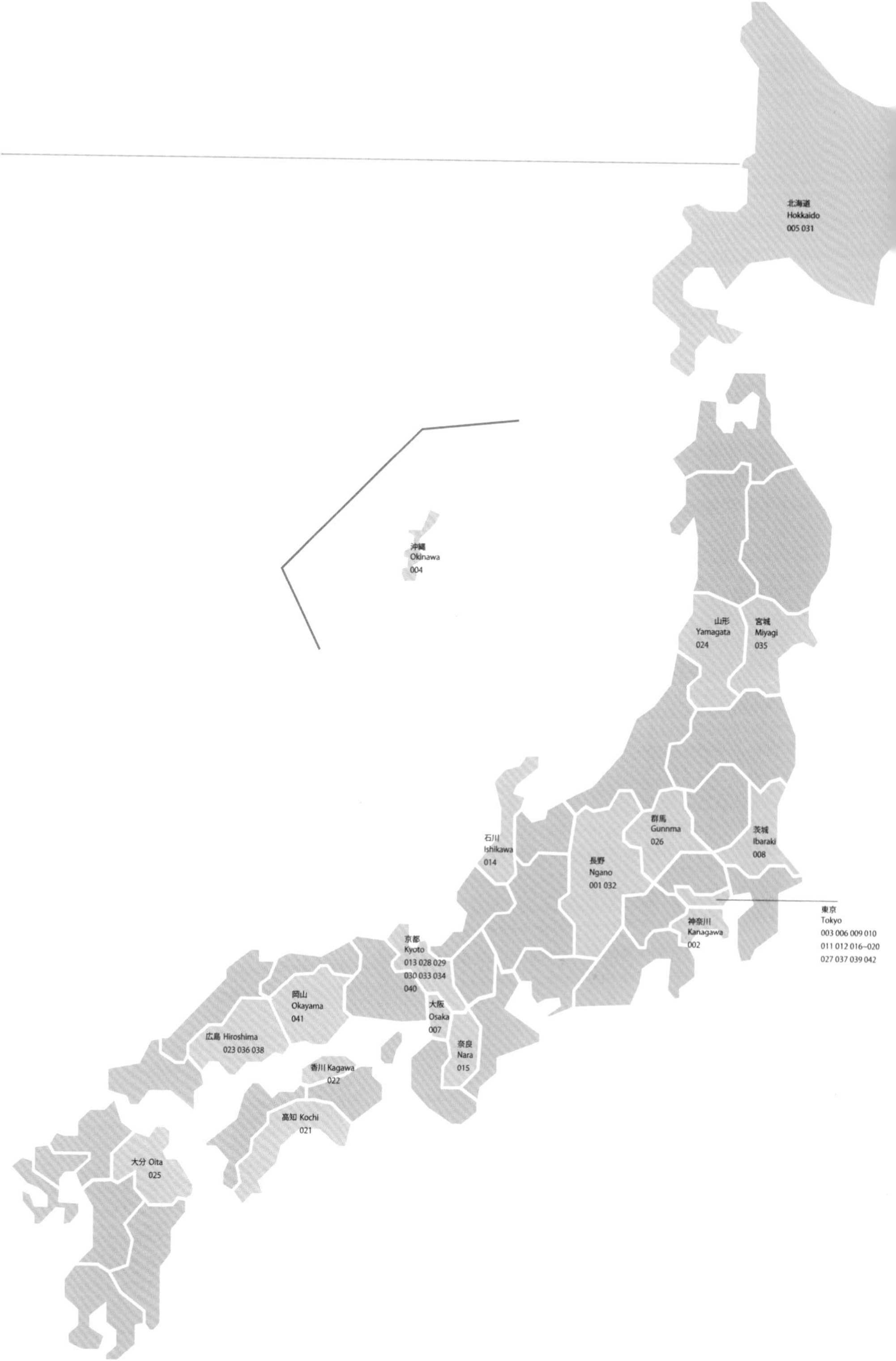
北海道
Hokkaido
005 031
沖縄
Okinawa
004
山形
Yamagata
024
宮城
Miyagi
035
群馬
Gunnma
026
茨城
Ibaraki
008
石川
Ishikawa
014
長野
Ngano
001 032
東京
Tokyo
003 006 009 010
011 012 016~020
027 037 039 042
神奈川
Kanagawa
002
京都
Kyoto
013 028 029
030 033 034
040
岡山
Okayama
041
大阪
Osaka
007
広島 Hiroshima
023 036 038
奈良
Nara
015
香川 Kagawa
022
高知 Kochi
021
大分 Oita
025

楔子

在旅店中醒來，迎接新的一天

長途旅行時，除了探訪建築作品，旅宿也慢慢成為這幾年旅途裡很重要的一部分。建築家所設計的旅店，打破過往我們所認知的旅店型態，讓每天的行程直到終點都令人興奮驚奇。苦悶的日子過久了，總會找一些旅行目的或設計旅店——有時，探訪特別的旅店，成為旅行最大的動力；有時，就算目標位在居住地，「去住旅店」這樣脫離日常的活動，也在平凡生活與忙碌工作的日子添加許多新鮮感，讓煩膩的常日變得可愛許多。

重視旅宿的契機

過往的旅行裡，我不太在意「住哪裡」，總覺得「住宿」這件事情只要有張床，甚至是沙發，可以睡覺休息就好。為了節省旅行費用，我住過沒有窗戶、密不通風的極

1. Bella Vista Spa & Marina 尾道。
2. 東方文華 東京。

小商務旅館，年輕時的背包客式旅行也體驗過各種 Guesthouse、Hostel、Airbnb 等型態旅宿，相當享受那種與人交流、體驗不同文化的過程。

這幾年，在東京建築師事務所裡的工作多以旅宿設計為主，對「住宿」這件事的體會也更深更廣，慢慢了解「旅宿設計」裡的學問與精髓。為了觀摩、學習，我體驗過不少有特色的設計旅宿，深刻體會「隨便可以睡就好」與「能夠好好睡上一覺」的差別，「好眠旅店」真的替旅行加了不少分數。

我所任職的建築師事務所有一群善良、和藹的同事與前輩，主持建築師雖然在設計上有相當的堅持，甚至偶爾任性，但對同事非常大方。因為事務所的案子大多以旅宿為主，也常需要設計價位較高的「高級旅宿」，剛進事務所的新人幾乎沒什麼概念，也沒有太多高級旅店的住宿經驗，建築師總會找機會讓我們「親自感受」高級旅宿，她認為：

| 1 2
1&2. 日月潭涵碧樓。

「如果不親自體驗那些很棒的設計空間、觀察飯店的服務以及服務生與客人的互動，我們怎麼會知道什麼才叫做『好的住宿空間』呢？」所以我們經常在設計階段到處視察，事務所的旅行也會到處閱賞建築、入住建築家設計的飯店；案子完工後，大家也會一起感受完成後的作品，除了體驗空間、飯店服務，更重要的是檢討自己設計的空間是否好用，是否有需要改進的地方，讓下一個作品更好。

就這樣，我慢慢地感受到住宿空間對旅行的重要性，這七年來除了事務所規畫的旅程以外，我自己也會為了學習而前往各種類型、風格與設計的旅宿。或許也可說是胃口被養大了吧？但的確，住在有著些許巧思、有趣格局的旅館，擁有一夜好眠，隔日非常神清氣爽；不但讓旅程更加充實，也獲得許多養分。於是，現在的旅行，在經費許可的情況下，我會至少讓自己享受一晚美好的睡眠空間。

1 2｜

1&2. 虹夕諾雅 京都。

旅店設計的經驗

成大研究所畢業後，我雖然在台灣工作了一陣子，不過多以接觸住宅、展場設計為主，回頭想想，學生時期的實習也大多是公共工程的競圖案、大樓型的集合住宅、電子公司的大廠房……等，在學期間的設計課程亦不曾涉及旅店——我對旅店設計可以說是毫無概念。不過剛進日本的事務所接觸到相關工作時，也沒有特別緊張或害怕，總覺得「旅店的設計大概就是住宅的縮景」、「過去也有飯店的住宿經驗」，應該不會有太大的問題吧！

事實上，當初的我實在太過小看旅店設計了！或是說，年輕時總有一股傻勁，天真地認為自己什麼都做得來、所有的設計都大同小異——但最終還是在與建築師的設計討論會議上碰了好幾次壁。除了語言上的阻礙，最重要的是，在「旅宿」的認知上有相當大的差異，而日本特有的習慣與文化更讓我深感衝擊。光是一小間客房的提案就做了幾十種，我認為很有趣的空間配置，在旅宿設計裡可能會被以「營運方無法管理」、「不好打掃」、「客人可能會受傷」、「很容易損壞」、「經費不足」等現實為由退回。但若考量所有問題而提出的配置或設計，又趨於平凡無趣……於是，在無數次提案、更改、再提案、再修改，大至房間裡的機能配置，小至洗面檯高度、行李檯深度、掛鉤位置等，都一個個檢討、一處處精雕細琢後，才終於定案。當時真的深刻體會到，是啊，前

旅店附設的餐廳空間（ACE HOTEL KYOTO，京都）。

輩們累積的那些實際「經驗」與「體驗」，都是相當貴重的設計養分；能在這麼多條件限制下，設計出舒適有趣的空間，都是深厚功力。

此外，旅宿設計不光只有「客房」，公共空間的規畫與設計也是重點。大廳、餐廳、休憩空間、商店、藝廊等，這些住宿以外的空間也是塑造旅店形象的關鍵。但以經營層面來看，旅宿最大獲利商品是「客房」，其他公共空間其實只是附加的服務——所以在規畫階段，公共空間與住宿空間的比例拿捏也相當重要，要怎麼設計才能表現出旅店個性，不過於浮誇，卻令人眼睛為之一亮？如何滿足業主經費條件，又讓旅人們使用舒服？……這些都是十分重要的課題。經過無數次來來回回的討論、修改，甚至到施工階段也持續檢討與更動，才能完成令大家滿意的結果。

1 2 3

1. 床背板、閱讀燈、櫃子的高度關係（TUVE HOTEL，香港）。2. 客房備品的收納櫃（TokyoOne，東京）。3. 迷你吧的高度與設計（大安金普頓，台北）。

吉野杉之家，
建築師長谷川豪與 Airbnb 共同合作設計的獨棟民宿。

此外，旅宿設計除了「給客人的空間設計」以外，「服務人員的使用空間」也相當重要。辦公空間、儲物空間，餐廳出餐動線、清潔工作動線，都必須以最經濟且有效率的方式安排，不但要考慮到與客人衝突的風險，也要盡量減少服務人員的負擔與辛勞。

一間旅店能包含所有的食、衣、住、行、育、樂，也須考慮到不同層面——旅店的設計工作看似有趣，卻沒有想像中容易。旅宿空間，可以說是個集合了一日生活的空間膠囊，比起店鋪或餐廳等商業設施更貼近生活，除了室內材料的講究或各種有趣的設計細節外，營造出舒適、放鬆的空間與合理方便的機能，更是我覺得旅店空間不可或缺的。「非日常的日常」不只是那些花俏的妝點，而是在一個非日常的空間裡，感受有如日常般的自在，跳脱總是緊張的工作壓力，好好放鬆，好好休息，好好地睡上飽足的一覺。

1
2

1.MESM Tokyo，東京。
2.萬豪旅店旗下旅館 Fairfield，大阪。

9 Hours 膠囊旅店。

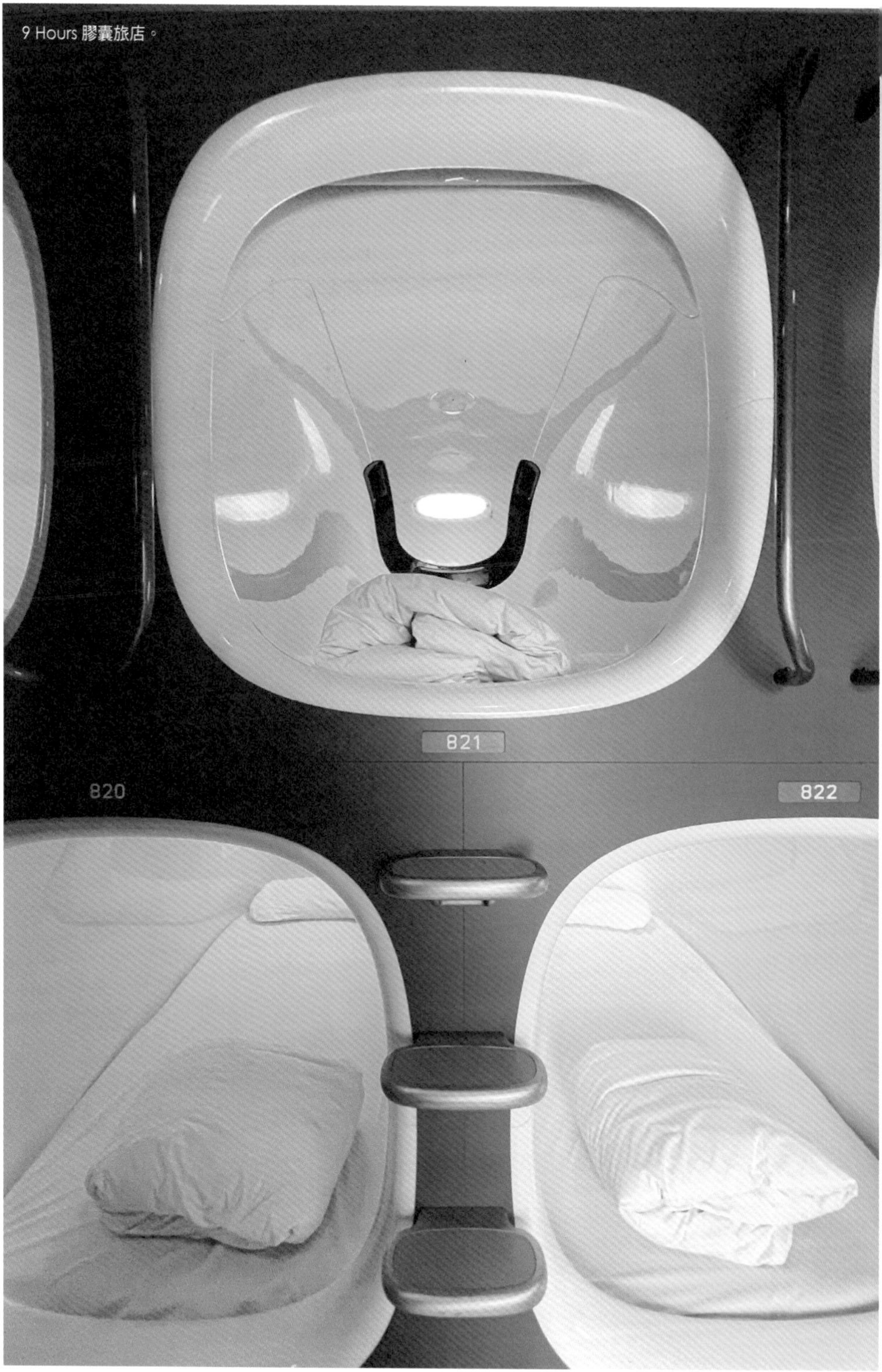

1 2　1. 和式風格的溫泉旅館（靜觀莊，箱根）。
2. 溫泉旅館的豐盛朝食（界 津輕）。

旅店型態與日本旅店品牌

旅店型態其實分成許多類型，像是商務旅店、城市旅店、度假型旅店、民宿、Guest house、日本溫泉旅館或膠囊旅店等。顧名思義，商務旅店主要是給出差商務人士使用的旅宿，有桌子、床等基本配備；城市旅店經常會有比較豐富的餐飲空間，有時也可能有宴會廳等機能；而度假型旅店常位於知名度假勝地，有寬敞的公共空間，更高級的可能還有泳池或較奢華的公共空間等。

其中，在日本比較特別的是「溫泉旅館」這個類型，日文中的「旅館」（りょかん）這個詞，就專指溫泉旅店；不但提供溫泉服務，住宿費也包含旅宿的餐食，一般是當日晚餐與隔日朝食。在日劇中常有的「溫泉旅行」，就是指出發到某個溫泉勝地、住進旅館，待在館內享受窗景、膳食、溫泉，通常不會有太過緊湊的行程，而是專心放鬆身體與心靈。

而從日本發源的「膠囊旅店」，更是替旅店型態添上獨特的風貌。以塑膠或玻璃纖維製成的狹小空間，通常只有一張床的大小，房內不一定設有電視、Wi-Fi，只有一塊小布簾遮擋與外界的視線，衛浴通常是共用——是為了睡上一覺所產生的最經濟旅宿空間，也經常是想節省旅費的旅人第一首選。

在日本，除了許多世界級的外資飯店品牌，像是希爾頓酒店（Hilton）、凱悅酒店（Hyatt）、安縵酒店（Aman）、萬豪酒店（Marriott）等，各種日系品牌的旅店更是日本人國內旅行時的首選。包括最基礎的連鎖商務旅店企業如 APA、東橫 inn、SUPER HOTEL 等；大企業旅宿品牌如西武、東急、三井、ANA 等；有著一定歷史的知名老鋪旅館大倉（The Okura Tokyo）、日本帝國大飯店、椿山莊東京等；還有日本知名旅店品牌星野集團（星野リゾート）、HIRAMATSU、馥府（ふふ，隸屬 KPG 企業）等。此外，也有許多稍微講究的旅店品牌，有些著重在旅人感受的供應，有些強調與都市或社區的聯繫，以及有著獨特理念的年輕品牌。日本旅店品牌的型態多樣，每個旅店的概念、營運及管理方式，都讓旅店呈現的氛圍與特性大不相同。

《東京建築女子風格設計旅店選》這本書，不只是這幾年的經驗整理，也收錄了重視建築、講究設計的日系旅店品牌，以及由知名建築師所設計的旅店空間。當然，日本還有好多好棒的旅店，等著你我一起去發掘！

輯一

西武集團

重回風華時代，建築家設計的王子大飯店

日本的「大手私鐵」＊企業裡，西武、東武、東急、小田急等，是日本關東地方較為常見的幾個事業體，也常可看到這些企業延伸到旅宿業界，像是西武集團下的王子飯店、東武電鐵的東武飯店、東急電鐵旗下的Tokyu Stay……等，都在市中心裡輕易可見。

西武集團創立於一九一二年，最早由鐵道事業開始。一九四七年，西武集團取得輕井澤的朝香宮家別墅，將部分改修成旅宿，並取名為「王子飯店」，是西武集團在旅宿業的開端。

一九七一年，西武集團正式成立營運飯店的子公司，在許多城市與鄉村開展旅宿空間，包括商務旅店、觀光旅店、度假村小屋等。西武集團也將旗下旅店分成三個不同等級，從一般的都市旅館「Prince Hotel」、「Grand Prince hotel」到最高等級的「The Prince」，區分不同的完善服務；近幾年還推出了次世代的年輕新品牌「Prince Smart Inn」，簡練輕鬆的空間、鄰近車站的便利性，可以說是專為旅人設計的全新體驗。

＊意即大型私鐵業者，是日本民營鐵道事業者的分類之一，主要集中在東京、大阪、名古屋、福岡這四大都市圈。依據日本國土交通省鐵道局的鐵路業者規模區分，有大手私鐵、準大手私鐵、中小私鐵三種。

除了新時代的旅店，王子飯店昔日由名建築師設計的多座經典旅店，依舊無法被取代。日本建築巨匠丹下健三、黑川紀章、村野藤吾……等所設計的王子旅店，有時體現了現代主義建築的風範，有時保有過去一點古典風情或摩登時期的優雅時髦；尤其是村野藤吾的作品，在俐落的空間裡加了許多優美曲線，又或是細膩的工藝雕塑等，現在看起來就像是在時空中旅行一般。身處那些幾何量塊堆疊的室內大廳，或是走在精雕細琢的旋轉樓梯……留存至今的那些時代風華，就好像是建築師刻意留下，讓現代旅人回到過去的鑰匙。建築設計或是空間細節，在在反應了那個時代的生活風貌與活動痕跡，而我們每每體驗王子飯店的建築師旅宿時，都好像重返了那個風華絕代的繁盛時代。

Cheeza

湖畔的優雅弧形旅店

輕井澤皇家王子大飯店

The Prince Karuizawa

｜001｜

- 清家清
- 1973

長野県北佐久郡軽井沢町大字軽井沢1049-1

輕井澤是東京人的避暑勝地，而其中最受遊客喜愛的地方之一，大概就是車站旁的王子Outlet了吧！廣大腹地上陳列著現代時髦的建築與精品店，還有綠地、草皮以及輕井澤的自然景色，許多帶著孩子與寵物的人們來此散步、放鬆。而在王子Outlet南邊，藏著一座由日本現代主義建築師清家清所設計的舊時代旅店——西武集團的「輕井澤皇家王子大飯店」。

繞過商場、穿過樹林，佇立在湖畔旁的弧形三層樓玻璃建築物映入眼前。走到正面入口，混凝土柱樑間，以玻璃磚堆疊起的牆面鑲著黑框玻璃窗、深咖啡色鐵門，這些元素等分、均值地構成整個建築的立面，體現了清家清獨有的現代主義建築特色。清家清是日本戰後、狹小住宅風潮時期的現代主義建築師，以機能主義發表了許多都市住宅提案，乾淨俐落的現代空間裡依舊帶有和式風格，「日式摩登」的空間讓人印象深刻。而「輕井澤皇家王子大飯店」的均值比例、細膩分割，就像是用現代語彙重新解讀迴廊空間、等分柱列等日本傳統建築空間的新手法。

走進大廳，室內氤著柔黃的燈光，紅磚牆面搭配著黑色型鋼*，溫暖卻不失個性；空間裡偶爾看見「那個時代」裡稍嫌華麗的妝點，卻不顯得庸俗，反而有些高貴。客房內雅致的擺飾與配色、現代建築主義時代的經典家具，散發著洗練復古的氛圍。大片玻璃窗外除了遼闊草原外，淺間山的壯麗美景也一併收進眼底。前幾年，我因為工作經常往返輕井澤，偶爾也會與台灣的家人或朋友一同探訪，但以往總是前往相同的地方、看相同的風景——而此地跨過草地、越過小湖後所看見的淺間山景，與過往不同的輕井澤風光，讓我感覺充滿新意。稍微整頓後，爬下旋轉梯、遊走在黑色柱廊，漫步於整棟建築，發現了好多清家清設計的小細節。

*有一定截面形狀和尺寸的條型鋼材。

均值比例，細膩分割的建築立面。

| 1 2
1. 飯店提供的美味早餐。2. 典雅優美的客房設計。

早晨前往湖畔餐廳時，穿過有著美麗光影的玻璃磚走廊，方形大屋頂的大餐廳三面開著大窗，天花板上複雜桁架與燈光的搭配相當引人注目。我們坐在被紅磚包圍的沙發上，看著窗外的湖泊與森林，享用美味早餐，開啟美好的一日。

用過早餐後，沿著河畔散散步，遠遠看著樹林後、池畔旁的玻璃弧形建築，在這靜謐的氛圍下顯得簡約清新，幽靜典雅地佇立在這美麗的大自然裡。

｜喜歡的細節｜

DETAIL

1
2 3

1. 迴廊與旋轉梯的弧形呼應，與柱列的材質呼應。
2. 門外夾報紙的小凹嵌。3. 四折的櫥櫃拉門。

奇幻森林裡的祕密基地

箱根蘆之湖皇家王子大飯店

The Prince Hakone Lake Ashinoko

| 002 |

- 村野藤吾
- 1978

神奈川県足柄下郡箱根町元箱根 144

箱根的王子大飯店位於著名景點「蘆之湖」旁，是由建築師村野藤吾所設計的飯店。

村野藤吾擅長用弧形、曲線以及有些古典氛圍的雕塑，營造空間的柔軟調性。蘆之湖王子大飯店兩座圓形的建築上，點綴著一顆顆像是花苞般的露臺，特殊的造型有如奇幻森林裡的祕密基地。從刻意壓低的入口進到大廳，挑高空間裡，對稱的曲面木板天花成了空間的主角，兩排並列的石牆構成一區區供人等候或休憩的小隔間，低矮的沙發坐面，讓視線高度降低，是為了更加突顯天花高度及大廳的廣闊而刻意設計的。一旁高大的落地窗灑進柔軟的光線，與天花板的間接燈光相互映襯，讓空間有了更多層次的光影，也成為這座村野藤吾建築裡最不可錯過的一處風景。

挑高空間裡，對稱的曲面天花。

客房配置環繞圓形建築，是個扇形的平面，除了基本的客房設施以外，令人意外的是配置在衛浴空間外的寬敞洗面化妝檯。經濟起飛時期，日本許多商務旅店為了節約空間與考量設計效益，讓三點式的整體式衛浴＊幾乎成了旅店基本配備，直到近年發展出不同旅店型態後，才有幾處新型態的旅店將洗面檯與衛浴分開設置，加進設計的巧思，讓空間更加有趣。沒想到，其實早在那個黃金時代，這樣的設計就已被體現。

＊即預鑄整體衛浴，先在工廠內製作構件、安裝衛浴設備等，再運送至現場組裝。一般日本商用旅店為了經濟效益，與日本過去浴室、廁所分開的傳統不同，會將浴缸、洗面檯、馬桶一起設計組裝，俗稱三點式衛浴。

1
2

1. 優雅曲線的旋轉樓梯。
2. 低矮的沙發，是為突顯天花高度。

1 2
1. 保留著舊時代氛圍的客房配置。2. 衛浴空間外的寬敞洗面檯。

花苞型的露臺面對箱根蘆之湖的美麗景色，在露臺可以更近距離地觀察許多建築細部與收邊，無論是陽臺扶手、天溝收頭或是雨水落水頭等，優美的曲線展現了傳統的精美工藝，搭配著眼前廣闊的湖景，涼風徐徐，夏日的燥熱都隨著這些自然與人工的曲線滑落散去。

隔日早晨依舊是晴朗天氣，早餐餐廳的大片落地窗引進了和煦陽光，看著窗外的自然風景，好不愜意。沿著村野藤吾的旋轉梯回到大廳退房，離開前再次回望那各種曲面形塑的經典空間，向那個風華年代微笑道別。

｜喜歡的細節｜

DETAIL

1 2 3 4

1. 屋頂與雨水落水頭的切口。2. 並列石牆的裝飾與收邊。3. 內牆窗臺的落水處理。4. 陽臺的金屬曲面收邊。

東京品川華美而溫柔的設計

新高輪格蘭王子大飯店

Grand Prince Hotel Shin Takanawa

｜003｜

- 村野藤吾
- 1982

東京都港区高輪
3-13-1

位於東京品川站的新高輪格蘭王子大飯店，也是由建築師村野藤吾所設計的。不同於箱根森林中的飯店，市中心的王子飯店佇立在東京這座都市大叢林中，建築物雖年事已高，但室內空間經過幾次翻新改修，依舊華美時髦。村野藤吾的建築線條與新時代的空間裝飾交錯著，有如穿梭在新舊時空一般。

無論是在郊外或是都心，大部分的王子飯店都有著寬廣的腹地，新高輪這座旅店也一樣，除了我們下榻的這棟旅宿以外，往南邊還有更高等級的「The Prince Sakura Tower Tokyo」，以及其他設施與高價位餐廳，所有建築物被旅店內的日本庭園串在一起，相當有特色。

這幾年，比起匆忙到其他景點觀光，我更喜歡慢慢體會旅店所提供的服務，感受旅宿周邊的空間與設施。散步至庭院，轉頭望向新高輪格蘭王子大飯店，外觀一球球並列著的弧形露臺，替這座看似平凡的白色高樓增添了許多可愛感。飛往羽田機場的航班點綴了夏日無雲的天空，舒爽的白色建築與藍色晴空呼應著，十分清爽。

Check-in後來到位於九樓的客房，經過改修後的房間乾淨整齊，窗外白色圓弧狀的可愛陽臺卻保留著過去的樣貌，令人驚喜；扶手的雕花雖稍嫌花俏，卻展現了那個時期的建築工藝能力，與箱根蘆之湖王子飯店有著異曲同工之妙，柔軟線條給予旅人最溫暖的

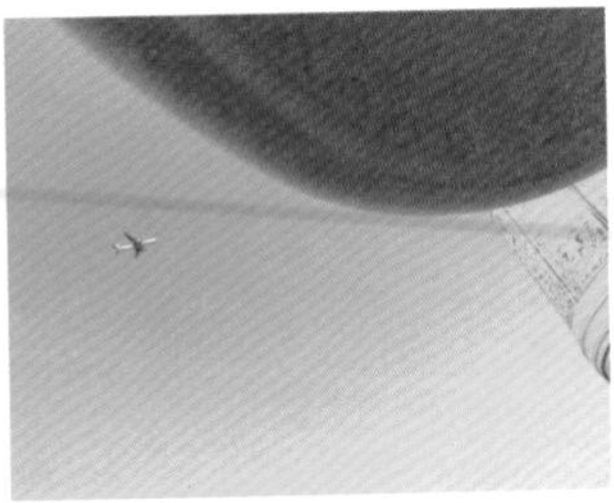

1&2. 弧形露臺添增了建築的可愛感。
3. 飛往羽田機場的班機劃過天空。
4. 精雕細琢的陽臺扶手。

｜1 2
1&2. 飯店內，唯一留下的村野藤吾內裝酒吧 Asama。

擁抱。

晚上，與朋友相約，來到名為「Asama」（あさま）的酒吧，這也是飯店裡少數留下來、村野藤吾的原始設計。挑高的天花板上內嵌著大圓形的燈飾，刻意低矮的皮製座椅更突顯空間的高大，跟箱根蘆之湖王子大飯店的大廳有著類似的手法。村野先生設計的曲線，從天花板一直延續至吧檯，甚至到座椅；牆上貼著泡沫時代氛圍的壁紙，地毯的花紋雖更新過卻依舊保有上個世紀的模樣。昏暗的燈光配上微醺的氣息，一旁的客人們也彷彿化身為昭和時期裡西裝筆挺、梳著油頭的上班族，叼著菸喝著酒，帥氣地談論著新開展的事業，我們也宛如被他們拉進時空，一起回到經濟起飛的昭和盛況時期。

｜喜歡的細節｜

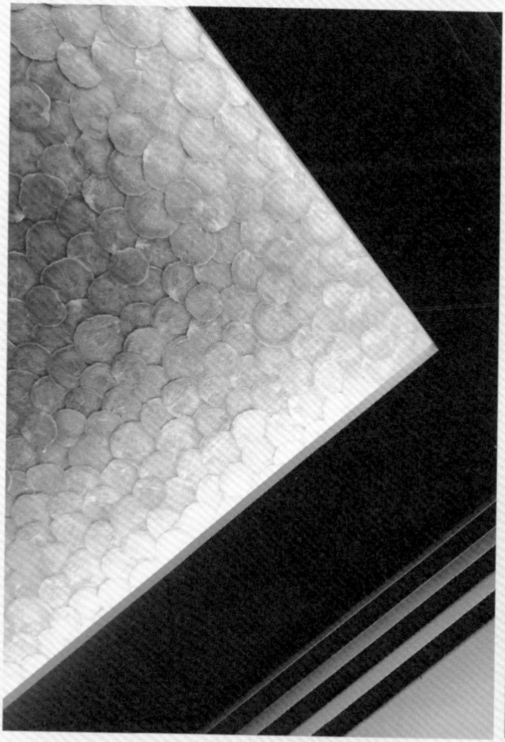

DETAIL

1. 電梯內部的貝殼天花。
2. 陽臺的雕花扶手與銜接方式。
3. All in one 的家具設計。

輯二

星野集團

展現獨特色彩的日系旅店品牌龍頭

首間虹夕諾雅「星のや 軽井沢」。

1. 虹夕諾雅 東京。
2. 虹夕諾雅 竹富島。

日本最大旅宿企業之一「星野集團」（Hoshino Resort），由星野佳路領軍，不只深耕日本，二〇一七年也開始進軍海外；二〇一九年在台灣開幕的「虹夕諾雅 谷關」，更是目前台灣極具話題性的溫泉旅店。

星野集團本來只是一間小小的溫泉旅館，一九〇四年，初代經營者開始在輕井澤挖掘溫泉；一九一四年時「星野溫泉旅館」開業，隨後在長野縣的輕井澤深耕，了解在地文化，讓遠道而來的旅人能深刻感受在地的文化氣氛。到了第四代經營者星野佳路接手之後，將舊有的星野溫泉旅館重新整修，承襲先代的精神，首間「虹夕諾雅」（星のや，Hoshinoya）誕生。

星野集團的「虹夕諾雅」系列為星野集團中最頂級的品牌，在日本國內有著極高的評價。日本建築師東利惠以提供「非日常」的空間體驗為概念，融合在地文化特色，創造出只屬於當地的「虹夕諾雅」，希望每個人都可以短暫地脫離日常，好好感受虹夕諾雅所提供的空間及服務。從二〇〇五年的虹夕諾雅 輕井澤開始，星野集團逐漸放眼京都、竹富島、富士、東京；接著，二〇一七年首間海外虹夕諾雅 峇里島開幕，台灣的谷關也成了第二間海外虹夕諾雅的據點；加上二〇二〇年開幕的虹夕諾雅 沖繩，目前已有八座虹夕諾雅品牌飯店。每間旅宿皆有獨特風格，建築師東利惠不強調個人主義，忠實地閱讀旅宿所在地的特色與文化，再重新簡練定義，讓虹夕諾雅不僅是奢華的度假旅店，同時展現在地的文化精髓與特質，讓旅人在享受舒適空間、貼心服務的同時，也沉浸在當地文化氛圍中。

除了虹夕諾雅之外，星野集團旗下的其他品牌，皆有著各自的特色與品牌定位。溫泉旅館「界」目前在日本已有二十二處，重新詮釋日本溫泉文化的同時，也保有日本溫泉旅館的傳統特質：舒適的當地溫泉、以在地食材做成的美味和食，再加上在地文化體驗，讓旅人的溫泉旅行更加豐富多彩；「RISONARE」以親子度假旅店定位，是許多有孩子的家庭第一首選，旅宿裡的公共與客房環境，也有孩子的專屬空間或活動。而一直以來，給人高價位印象的星野集團，在二〇一八年提出了最新的都市觀光型旅店品牌

虹夕諾雅 谷關。

| 1 2
1. 如洞穴般的白色大房間寢室。2. 虹夕諾雅 富士。

「OMO」，從最初的東京大塚與北海道旭川，全日本至今已有十四間不同等級的 OMO 旅店，以「發現城市新魅力的都市觀光飯店」出發，提供在城市裡最具魅力的旅宿，親民的價格也讓許多年輕旅人躍躍欲試，體驗首次的「星野集團」。另一個可說是「OMO」的姊妹品牌「BEB」在隔年發表，大多為居於充滿特色的旅遊勝地，是以自由為本的青年旅店，等待著想隨時啟程、遠離都市的旅人蒞臨。

除了以上的品牌旅店以外，其他的旅宿設施也一樣令人喜愛。其中我最喜歡由建築師東利惠所設計，位於輕井澤的 Karuizawa Hotel Bleston Court，灰色混凝土建築安靜地佇立在森林裡，白色的大房間有著四米高的天花板，大理石地磚、可收起的桌子、僅以玻璃隔開的衛浴、如洞穴般的寢室，都打破了我對旅店的想像。

星野集團旗下的旅店，對於每個品牌定位的服務、餐食、空間，總是都能有新的概念、新的挑戰、新的設計，也讓每次的探訪都充滿驚喜，讓人深深享受其中，細細品味。

Karuizawa Hotel Bleston Court 的灰色混凝土建築。

擁抱整片南島海洋

虹夕諾雅 沖繩

HOSHINOYA Okinawa

｜004｜

- 東利恵
- 2020

沖縄県中頭郡読谷村儀間 474

從沖繩那霸開車約一小時，來到沖繩本島中部的讀谷村；穿過鄉間小徑的田野風光，往海的方向前進，一整列灰色的大城垣映入眼簾——那是景觀設計師長谷川浩己取沖繩特有的「御城」建築，做為虹夕諾雅 沖繩最顯著的特色。御城指的是存在於琉球群島的石牆建築，除了著名的首里城或金歸仁城等完整的建築以外，圍繞著倉庫或村落的城牆也包含在內，多以琉球石灰岩建構，保護著城堡或家園。

虹夕諾雅 沖繩沿著西部海岸線，是一個長約一公里多的細長基地，據說建築師與設計師考察建築基地與環境時，便被這裡平靜的海景所吸引。當時，一行人漫步於沙灘，建築師東利恵隨手撿起幾塊只屬於這塊土地的珊瑚石、捧起了一些沙，說：「這裡的建築顏色，就用它們吧！」也因如此，建築在這裡顯得柔和許多，與環境有著美好的相融。

長谷川浩己將堆疊的石塊意象轉化成城垣，一片片灰色牆垣沿著海岸的自然曲線，包圍整個飯店區域。沿著城垣，進入一座以白色琉球石灰岩建造的建築裡，那是虹夕諾雅

| 1 2
1. 接續著海平面的無邊際泳池。2. 由御城城牆堆疊的石塊意象轉換而成的城垣。

沖繩的主要接待棟；室內深藍色的空間裡佇立著數根珊瑚形狀的木頭，周邊也擺放著幾張珊瑚木座椅，帶給人一種好似在深海的感受。Check-in後由服務人員領進飯店區域，方才的城垣內，散落著一棟棟淡沙色、粉珊瑚色、自然木紋互相嵌扣的建築，建築與小徑之間的菜園種著南島沖繩特有的熱帶植物，時而有著不同建築型態的公共區域、道館，又或是區域中心的無邊際泳池與敷蓋著沖繩瓦片大屋頂的泳池大廳；而建築物的那一頭，即是無邊無際的藍色大海。

進入客房，海景馬上映入眼簾，房內中心的「土間餐廳」（Doma Dining）擺著黑色的原木餐桌，一側是環繞著臥榻的客廳空間，另一側則放置柔軟舒適的白色床墊。儘管旅宿內已有專門的餐廳空間，但虹夕諾雅 沖繩依舊提出了在房裡用餐的概念——這也是目前虹夕諾雅系列中，唯一一個將簡易餐廚設計放到客房裡的旅宿；目的就是為了讓旅人們可以不受打擾，充滿餘裕地在自己的空間裡準備晚餐，看著只屬於自己的這一片海以及絢爛繽紛的晚霞，伴著夕陽慢慢落下，享用美酒及佳餚。

一棟棟淡沙色、粉珊瑚色的客房棟。

1 2
1. 房內中心的「土間餐廳」。2. 沖繩的湛藍海景。

虹夕諾雅為了讓旅人充分感受各種空間、參與活動、享用美食及體驗最高級的服務，經常以最低兩泊為預約限制，讓你可以有充分的一整天，在海岸邊做晨間瑜伽，到讀谷村漫步或至白色沙灘踏浪；又或者只是待在客房裡的露臺沙發上，感受微涼海風與輕柔浪聲……讓身體與心靈得到最真實的療癒與休憩。

過去的旅程總是匆促急忙，旅行的住宿也僅求有張床可以安眠，但在認識星野集團之後，我深刻體會到「宿泊」的重要性；因此，好好地體驗與感受「旅店」空間與在地「環境」、「文化」的連結，慢慢也成為旅行裡的重點環節。有個空檔，就來沖繩看看海，踏踏浪，療癒疫情期間被捆綁著的身心，體驗美好的自然與優雅空間吧！

｜喜歡的細節｜

DETAIL

1
2 3

1. 比起落地窗，刻意框出的開口讓景色有如畫一般。2. 特殊的珊瑚木構成的桌椅與柱子。3. 不同材質的牆面以切縫做為收頭。

冰湖上的溫泉旅館

界 波羅多

KAI Poroto

| 005 |

- 中村拓志
- 2022

北海道白老郡白老町若草町 1-1018-94

星野集團的溫泉旅館「界」，有部分改修自舊旅館，也有部分由知名建築師著手設計規畫，像是位於九州的「界 由布院」找來了隈研吾，而位於北海道的白老溫泉勝地的「界 波羅多」，則是由建築師中村拓志所帶領的 NAP 建築設計事務所親手操刀。

北海道白老町一帶，擁有溫泉與許多自然風景，「界 波羅多」的位置，正是波羅多湖的湖畔，周邊被白樺樹與楓樹林所包圍著。中村拓志以「湖上的建築」為概念，大膽地引進湖水進到基地內，建造出四十二間皆有湖景的客房棟、一座有著四個三角形屋頂的湯小屋，並以白樺樹的木幹為空間主要素材，點綴在建築外觀且延伸至室內，將北海道愛努民族的文化及白老町的自然景致帶進建築。大廳裡，下挖空間內的八角形沙發點綴著愛努民族的圖騰，而位於前方的，則是極具特色的湯小屋建築以及湖畔風景。

外面又下起雪了，我們圍著黃銅煙囪的溫暖爐火，替踏過皚皚白雪的自己暖了暖身

子，也暖一暖心。這次的旅行是與台灣的家人一起，為了看落雪風景而在北海道相聚。儘管外面天氣再冷冽，看見雪中的白樺樹林、大雪中的無邊際白色風景，都難掩他們第一次看見雪景的歡心。冬天的波羅多湖已經結凍成冰，看著外面純白的雪景，我們決定在晚餐前暖暖身子，泡進熱熱的溫泉裡。

特殊的湯屋概念，是取自愛努民族家屋的三角型構造「Ketouni」，重新解構再組裝為湯小屋主結構。白老溫泉的泉水屬於亞炭溫泉，含有天然植物的腐植質有機物，獨特的茶褐色泉水從內湯一直延伸到外湯；浸在湯裡，在三角形屋頂下看著白雪輕柔飄下的湖泊景色，是很美好的體驗。吃飽喝足後，睡前到另一個湯池「圓湯」洗淨身體，再喝一瓶加入北海道產鮮奶的咖啡，連日的疲勞

1 2 3

1. 大廳裡的下挖空間裡有著溫暖爐火。2. 以白樺樹做為空間裡的主要素材。
3. 湯屋的三角形屋頂下的白雪風景。

接連著大廳的休憩區，有著舒適家具與暖心的熱花茶

| 1 2
1. 房間裡，點綴著愛努民族的傳統藝品。2. 客廳窗外是湯小屋風景。

被舒緩了不少。

翌日，陽光從角落房的雙面開窗打入，照在客房窗邊的桌子，也照進客廳中心的白色方形石桌，微微發著光。石桌周邊圍繞著柔軟的沙發，客廳的概念是取自愛努族傳統住居裡、四角形的「爐」而設計，希望旅人們也在這裡和樂團聚。房間各處點綴著不少傳統藝術品或圖騰，不但可以感受到在地文化與自然，絕美風景、舒適的空間與服務更能讓人放鬆。

經過前晚的大雪，隔日的天晴更令人感到開心，我們走進周邊的山林，到凍結的湖上挖洞釣西太公魚；這些體驗融合了北海道的極美風景，成為一生難忘的回憶。

｜喜歡的細節｜

DETAIL

1 2 3

1. 利用白樺樹幹製成的混凝土模。
2. 方桌中央的照明。
3. 房內的白樺樹幹與愛努族的藝術品。

Cafe

結合趣味與設計的都市旅店

OMO5 東京大塚

OMO5 Tokyo Otsuka

| 006 |

- 佐々木達郎
- 2018

東京都豊島区北大塚
2-26-1

星野集團推出「OMO」品牌時，因為顛覆了大家對「星野集團＝頂級旅店」的既定印象，受到日本的媒體廣泛報導，成為當時最具話題性的旅店之一。OMO的品牌概念來自於日文中「おもしろい」（有趣的，omoshiroi）＋「おもてなし」（服務周到的，omotenashi），以都市觀光型旅店為定位，專為來自各地的旅人所設計；不同於一般的商務旅館，房間不再只是提供睡眠的空間，而是讓整個旅程更加豐富之地。

「OMO」本身分為四個等級，而其中首度在東京展開的「OMO5 東京大塚」，由佐佐木達郎設計。年輕有趣的設計，吸引了與以往不同年齡層的客群。OMO5 東京大塚位

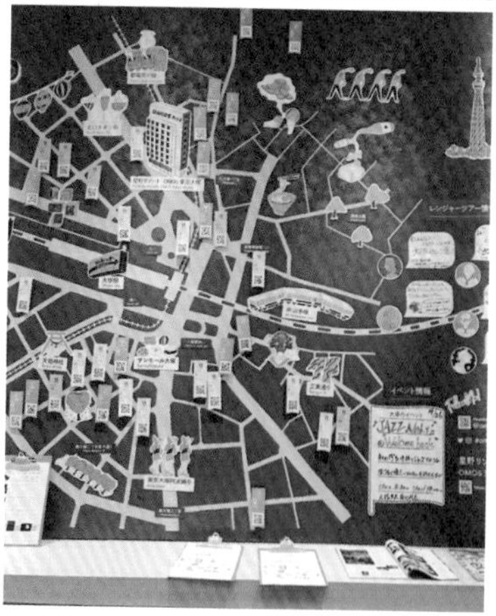

1
2
1. 大廳內擺放著各種歐洲品牌家具。2.GO-KINJO MAP。

於東京僅存的路面電車「都電荒川線」大塚站附近，大廳以日本傳統「旅籠」＊為主要概念，利用木頭角材組構而成的空間，配上黑色牆面、金屬櫃子以及北歐品牌家具，展現出不被西洋潮流牽引的現代日式風格。櫃檯設計刻意融入在整個空間裡，讓飯店人員更像是朋友一般，親切地招呼來訪的旅人。一旁的咖啡吧在不同時段有著不同角色，白天是咖啡廳，晚上則成了大人的酒吧，供應酒精飲料與下酒的菜餚。

每一間 OMO 旅店大廳裡，都會有一面畫著「Go-KINJO MAP」的大地圖牆，Go-KINJO 的名稱來自於日文裡的「ご近所」（鄰居，gokinjo），地圖裡收集了飯店周邊各

＊江戶時期提供旅行者食宿的旅店。

種好吃、好玩的情報。OMO5 東京大塚的地圖上也藏著許多旅館周邊的故事，像是來自飯店服務生的小道消息、隱藏美食，等著你去發掘，讓旅程充滿驚奇。

鋪著榻榻米的客房裡，是以日本傳統城牆構造中的「櫓」（木造高臺，Yagura）為概念，上下兩層的小閣樓空間，區分了睡覺與活動的場域，創造了一般商務旅館沒有的客廳空間。「不只是睡覺而已」的思考方式，讓旅客在房間裡也可擁有寬敞的空間，與朋友分享旅程的戰利品。建築師更善用牆面空間，架上與大廳一樣的木角材，用以擺放各種旅店備品；通往閣樓的樓梯，同時是也是櫥櫃與茶水檯——處處充滿巧思的客房，替你的旅程添上許多趣味性。夜晚，與朋友們在閣樓下的大臥榻休憩，喝杯啤酒，分享今日的收穫、討論明日的行程，放鬆一天的疲憊。

一般商務型旅店沒有的客廳空間。

善用牆面空間來作為收納及裝飾。

｜喜歡的細節｜

DETAIL

1
2 3

1. 樓梯下的空間利用。2. 地板金屬收邊條設計與家具搭配。3. 獨立的洗面檯與薄金屬製物架。

廣闊大草坪上的都市型設計旅店

OMO7 大阪

OMO7 Osaka

| 007 |

- 日本設計＋東利恵
- 2022

大阪府大阪市浪速区恵美須西 3-16-30

二〇二二年，有著前庭大公園的「OMO7 大阪 by 星野集團」開幕，組織型設計公司「日本設計」負責主要建築外觀與量體、建築師東利惠打造舒適的室內空間、景觀設計師長谷川浩己創作前方的公園大草坪。虹夕諾雅的御用設計團隊所創造的「OMO7 大阪 by 星野集團」，比起高檔肅穆的虹夕諾雅，更多了許多親民有趣的設計。從一樓搭電扶梯向上，通過不規則狀的 OMO GATE，便是豐富色彩的 OMO 世界。沒有隔間的大房間，中央散布著幾座島型家具，是告示欄、椅凳或手機充電站，更是 Check-in 的吧檯，繽紛色彩的塊狀沙發點綴在空間中，提供旅人休憩，牆上有著由平面設計公司「粟辻設計」繪製的「Go-KINJO MAP」（周邊地圖），介紹附近最道地的私房景點，可愛的圖樣讓地圖生動有趣。

全玻璃的落地窗外，是引起高度話題的花園廣場「Miya-Green」。二樓的高度剛好與一旁車站月臺同高，在戶外的休憩涼亭，甚至直接可與月臺上來往的人們揮手打招呼。

OMO7 Hoshino Resorts

回望長方體型的大樓，有著雙層的立面，外層碎化的白色立面，不但能阻擋刺眼的陽光，減少熱能，也能分散強風，防止高樓風＊產生，讓在低層部活動的旅人，能舒適地在大草地上翻滾休憩。

「OMO7 大阪 by 星野集團」有八種房型，其中我最喜歡的是有著上下鋪的 DANDAN Room，以及最多可睡六人的 IDOBATA Suite（井戶端客房），兩者都與我以往對於房間的既定印象截然不同；房裡的主角不再是床，而是能讓大家聚在一起的桌子，牆上有著由粟辻設計公司所設計、畫滿可愛插畫的大阪地圖，呈現來自設計師東利惠對房間的新概念與詮釋——旅行的作戰會議室。IDOBATA Suite 更將睡眠空間分散到四個角落，讓一同出遊的旅人們，儘管在同一個大房

＊或稱大樓風切效應，指在大型建築物周圍產生的風，因龐大的建築物阻擋氣流通道，使氣流通過的截面積降低，大樓兩側的風速因而增加；當樓層越高，風切效應就越明顯。

二樓大庭院的高度與對面月臺同高

不規則形的OMO GATE。

碎化的立面減少高樓風。

比起高檔的虹夕諾雅，多了許多親民有趣的設計。

間裡，也有一個屬於自己的祕密空間。

夜晚，大廳深處的輕酒吧與餐廳，點著一顆顆大小不同的大圓燈，反射著玻璃與外面都市斑斕，有一種奇幻感。吃過晚餐後到附設的湯屋泡湯，「Miya-Green」裡幾台餐車供應著啤酒跟章魚燒，白色建築立面放著煙火燈光秀，孩子們拿著特製的燈籠跑來跑去……歡樂的氣氛配著電車哐啷哐啷的聲音，儘管是夜晚也一樣開心熱鬧。這裡豐富寬敞的公共空間（OMO Base）、有趣的房間與遼闊的花園廣場，讓來訪的我們，帶著好多驚喜完成這次的旅行。

DANDAN ROOM
是有著上下鋪的房型。

輕酒吧與餐廳，
點著一顆顆大小不同的圓燈。

｜喜歡的細節｜

DETAIL

1
2 3 4

1. 碎化的建築立面，與連結著草原的二樓公共空間。2. 特製球燈的配置方式與空間浮游感。
3. 鏡子與花紋磁磚的收邊。4. 上下鋪的閱讀燈與置物空間。

Free WiFi

自行車友善的車站旅店

BEB5 土浦

BEB5 Tsuchiura

｜008｜
- 佐々木達郎
- 2020

茨城縣土浦市有明町 1-30

日本有幾個著名的自行車小鎮，茨城縣的「土浦」就是其中之一。土浦有著日本第二大湖泊霞浦（霞ヶ浦，kasumigaura）的自然景觀，完善的環湖自行車路線，加上靠近筑波山周邊的自行車道，二〇一九年正式整合成一條全長約一百八十公里的自行車路線，吸引許多愛好者前來朝聖。因應這條路線，沿途的補給設施也相當完備，甚至連土浦車站本身也成了日本第一座自行車友善車站；不但可以將腳踏車自由牽進站內，車站內部的飲食店也設有自行車放置區，方便車友使用。二〇二〇年，星野集團的「BEB」品牌更以單車觀光旅行為主題，一同進駐了土浦車站內。

來日本的第五年後，開始厭倦了電車通勤的生活，搬到可以以自行車通勤的距離後，開始了我在東京的單車日常。知道「BEB5 土浦」開幕之後，就一直想著前往探探，為

大廳的配置、色調非常活潑。

自行車愛好者設計的年輕旅店是什麼樣子。從東京出發搭車大概一個小時半，出了車站閘門不遠，便可看到「BEB5 土浦」，少了許多舟車勞頓的疲憊感。大廳裡堆疊的木櫃上，擺著許多自行車相關的用品、書籍，裝飾著幾台帥氣的腳踏車，也點綴著一些植栽。沙發桌椅隨興配置著，率性不拘謹的輕鬆感相當討喜。

客房層的走廊上放著車架，甚至可以把愛車牽進房裡，可自由使用的維修保養區擺著桌椅，讓愛車者們互相交流情報、增進感情。房內年輕有趣的設計，呼應著品牌定位；這次入宿的雙人床房型，木製的衣架區隔著就寢空間，牆上的大圓鏡更讓小小的房間變得寬敞。同為星野集團，BEB 就像是 OMO 的姐妹品牌一樣，可以發現不少類似的元素出現在房間裡，些微的變化總是令人耳目一新。

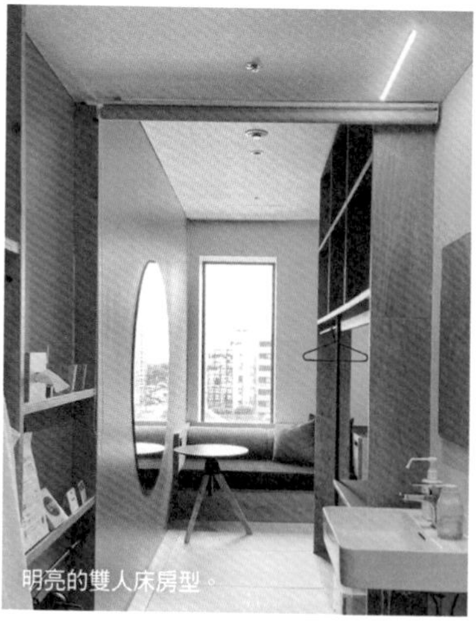

明亮的雙人床房型。

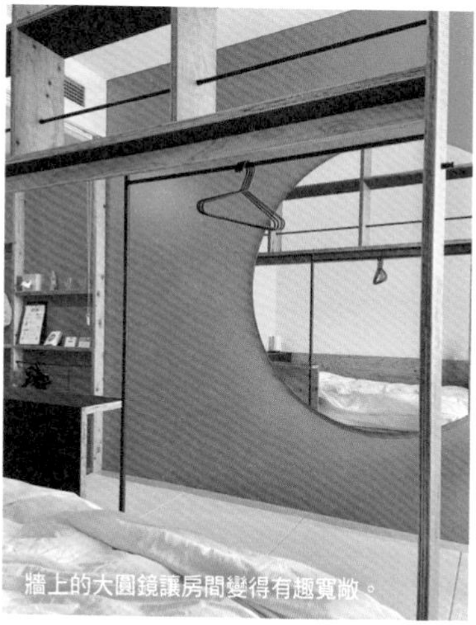

牆上的大圓鏡讓房間變得有趣寬敞。

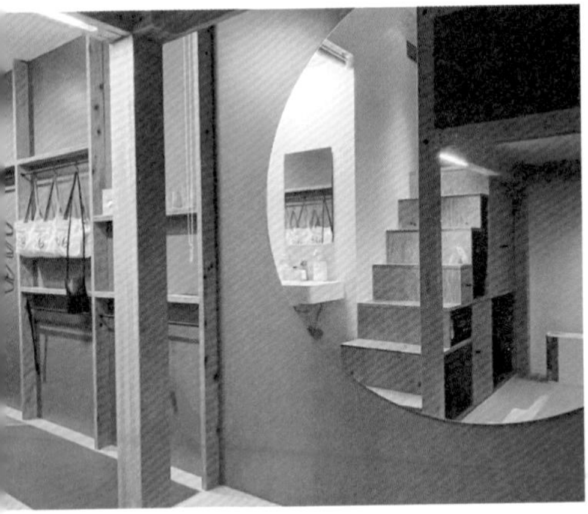

| 1 2
1. 另一種與 OMO 類似的「YAGURA ROOM」。2. 窗邊的三角形桌子。

我並沒有像那些專業的車手或愛車者一樣，大老遠地牽著自己的腳踏車來訪，而是使用了旅宿提供的自行車租借服務；這裡不只有幾個小有名氣的日本品牌，也提供了在日本自行車界有著相當知名度的台灣品牌捷安特。

行李安頓之後，我們騎著借來的腳踏車準備到土浦的環湖自行車路線探探究竟。稍微濕悶的雨季天色還是有一點陰，不過迎面而來的涼風解了不少悶窒的心情；騎過田野風光，看了蓮藕田大荷葉，乘著微涼晚風踩了三十公里路，在湖畔恣意馳騁。因為多了單車環湖的行程，「BEB5 土浦」的居住體驗使我印象非常深刻，也別於以往一貫的旅行方式，偶爾跨出舒適圈的行程，看到了更多不一樣的風景。

｜喜歡的細節｜

DETAIL

1 2
3 4

1. 做為隔間的衣架空間。2. 牆面收納。
3. 走廊上的腳踏車架與品牌 Logo。4. 收納杯子與熱水瓶的細長抽屜。

輯三

UDS株式會社

跨足旅宿業的地方創生&城市企劃公司

Hotel CLASKA 外觀
（photo by Satoshi Minagawa，UDS 提供）

1
2
1.CLASKA 其中一種房型。
2. 銀座 MUJI 六樓，MUJI HOTEL 所在地。

前身名為「都市 design system」，於二〇一二年正式以ＵＤＳ（Urban Design System）之名重新設立。由梶原文生先生創立於一九九二年，當時主要以共建住宅的業務為主，做為居住人、設計者、施工商之間溝通的橋樑，二〇〇三年，做為新事業的切入，位於東京目黑區的 Hotel CLASKA 開幕。「CLASKA」希望以旅店的形式來探討生活，思考「生活是……」（どう暮らすが……），於是以日文同音做為旅店的名字。

現在看起來，Hotel CLASKA 可以說是最早從設計面進入，強調 Life Style 的旅店先驅。改修原有商務旅店，一樓改成咖啡、書店、寵物沙龍空間，二樓為藝廊，三樓是當時還很少見的共享辦公空間，同時可做為各種活動或時裝秀的場所，四、五樓則規畫為旅店客房，高樓層的房間還曾做為長期居住的酒店式公寓使用！CLASKA邀請不一樣的設計師，讓每一間房間擁有不同的樣貌，這樣嶄新的提案與做法，在當時得到了很高的評價，讓UDS首跨足旅店事業就得到很好的成績。雖然Hotel CLASKA在二〇二〇年因為建築老朽而休業、拆除了，但營業的這年間，不但寫下了旅店型態的新風貌，也讓所在地目黑的周邊多了許多不同類型的人流，實踐了他們在都市、社區營造的企業理念。

目前，UDS不只是原有的共建住宅、旅店，更跨足了share house、飲食，以及其他商業設施、共享辦公室……等。前陣子，看了UDS現任社長黑田哲二某次的演講摘錄，更加喜歡他們的理念了。黑田先生建築系畢業後，進入都市design system，後於限研吾建築師事務所工作；幾年後，他體會到「創作者與使用者之間的溝通」更為重要，便再度重回UDS，做為都市、社會、空間、環境、人的媒介，將企畫、設計、營運三者共同思考運用，在日本各地甚至是其他國家都有很棒的實績。

還沒來日本前就聽過Hotel CLASKA的故事，也是我認識UDS的開端；雖然沒有實際的住宿體驗，但托朋友的福參觀了房間、開心用了餐，依舊體驗到Hotel CLASKA旅店的魅力，相當滿足。

MUJI HOTEL 大廳一隅。

繁華都心裡的新型態溫泉旅館

ONSEN RYOKAN 由緣 新宿

ONSEN RYOKAN YUEN SHINJUKU

| 009 |

- UDS
- 2019

東京都新宿区新宿 5-3-18

二〇一九年開幕的 ONSEN RYOKAN 由緣 新宿，是我認識 UDS 的第二家旅店。

本來以為僅是像其他東京都內的連鎖旅店，有著基本房型與大浴場，但仔細查了相關資訊之後，發現「ONSEN RYOKAN 由緣 新宿」除了一般旅宿機能，更是一間帶進了日本「おもてなし」*文化的都心溫泉旅館。明明是大樓型態的建築，卻在入口底層部設計了日式斜屋頂，鋪著日本屋瓦的入口，掛著藍色的暖簾，碎石、植栽與石板鋪面、庭園矮燈引領我們進到長廊；迂迴路徑的設計手法，讓日式旅館的氣氛更加濃厚，進到大

* 熱情款待之意。

樓底層的日式風格入口設計。

廳後整面的日式障子透著光，竹葉的光影隱約搖晃，前方 Check-in 吧檯上擺著符合季節的花飾，穿著現代和風服飾的服務生，以親切笑容迎接來自遠方的我們。

由緣新宿的客房共一百九十三室，有七種類型，整體設計呼應著日式低矮的尺度。鋪上榻榻米、微高的寢臺與特製的木製和室椅，安靜且令人放鬆，好像是來到了某位日本爺爺的家拜訪一般，空間氛圍親切溫潤。橫長的窗外是繁榮的城市風景，與室內的靜謐反差令人感到新鮮有趣。

這次雖然沒能體驗一樓日式餐廳的料理，卻享受了位於十八樓、來自箱根泉源的露天溫泉。在大浴場裡洗淨一身疲憊，暖了身子後泡進外頭的露天溫泉，感受著清爽的風，看著新宿繁華，原來在都心裡感受箱根溫泉是這樣奇妙的感覺。

溫泉後的休憩空間。

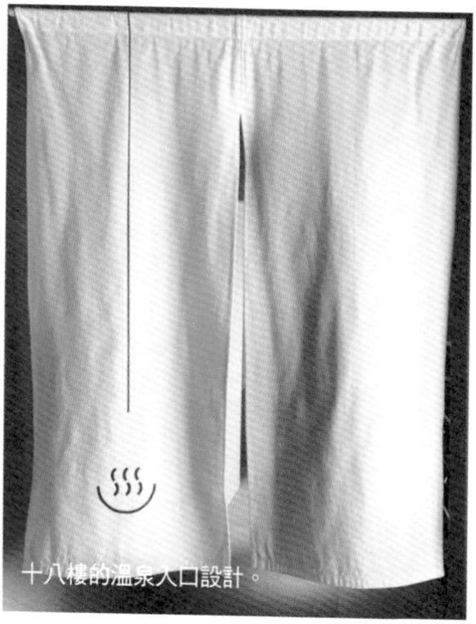
十八樓的溫泉入口設計。

UDS在新宿創造的新型態溫泉旅館空間，讓我在繁忙的都市生活裡鬆了一口氣。很喜歡大樓底層部入口的設計，讓人以為完全走進一座自然間的祕境溫泉旅館裡，優雅靜謐，心情也跟著平靜下來，可以好好地享受它所帶給旅人的現代日式溫泉風景。

沉穩氛圍的走廊設計。

精緻的日式風格客房設計。

｜喜歡的細節｜

DETAIL

1
2 3

1. 窗邊加高的板凳與特製的木製和室椅。2. 大廳懸浮的木片等候區。3. 寢臺的間接燈。

AMACHO HOTEL

親切下町裡的都會旅店

HAMACHO HOTEL

| 010 |

- *Architects & Engineers MHS Planners_ Designer UDS + the range design
- *DINING&BAR、PREMIUM TERRACE ROOM _乃村工藝社 A.N.D. 小坂 竜
- *TOKYO CRAFT ROOM_ 柳原照弘

- 2019

東京都中央区日本橋浜町 3-20-2

東京中央區日本橋浜町、人形町、水天宮前一帶，除了有著東京都心的城市感，依舊保有江戶時代的下町風情，新的時髦咖啡廳、甜品店，以及舊有的美食老鋪名店，交錯散落在這個區域。從人形町一帶往東邊走，便是看得見隅田川風景的浜町公園；再往南走，則有著藍色清洲橋的雄偉樣貌。

在這個有著各種表情的街巷中，一座旅店於二〇一九年開幕。HAMACHO HOTEL 融合日本橋浜町的傳統特色與自然景觀，以「自製」、「日本」、「現代」等關鍵字，創

| 1 2
1. 進房後的風景。2. 柳原照弘設計的「TOKYO CRAFT ROOM」。

造出屬於這個時代的浜町設計，簡練的外觀植滿了綠色景觀，大廳與餐廳裡也點綴著不少植物，在這個喧鬧繁雜的大都會裡，給來訪的旅人一個清新舒服的空間。

這一天，與朋友相約，離開工作、生活的東京西邊，前往有著許多人情味的東邊下町，住進每層樓只有一間的轉角房間裡。房內兩面開窗，陽光和風景都一覽無遺，窗臺放置著各式各樣的植物，植物的影子在拉簾上投下柔和的光影；陽光灑在深色的木格床板與家具，更讓整個房間增添了溫暖浪漫的氛圍。稍微整理後，再到人形町周邊的老鋪、甜品與麵包店採買了一些食物，回到房間倚在靠窗的沙發看著黃昏風景，忘卻都會紛擾，也忘記工作的煩悶憂愁，好好地放鬆心情。

隔日退房後，很幸運地參觀了 HAMACHO HOTEL 內，分別由小坂竜與柳原照弘設計的客房：「PREMIUM TERRACE ROOM」與「TOKYO CRAFT ROOM」。很喜歡小坂竜先生在淺色空間裡加了些木質感的天花與門板，不過於浮誇的白色大

轉角房裡的柔和光影。

淺色空間裡，加上木質感的天花。

1 2

1.小坂竜設計的「PREMIUM TERRACE ROOM」。2.大理石材質，提升了空間質感。

理石床頭板與牆面，提升了空間質感。入口的吧檯設計與被植物包圍著的私人露臺，很適合找些朋友同樂，或與情人、家人倒杯酒，賴在沙發上放鬆聊天，就像都市裡的祕密基地一樣，是逃離平凡日常的好所在。

在旅店附近，往北可以走訪老街巷，往南則可順便逛逛由西田司建築師在二〇一七年設計的 Hama House 與這幾年完工的 TOKYO MIDORI LABO。旁邊，還有二〇二〇年由長坂常設計的 New Balance 日本概念店，那是一座以全新概念所設計的舊建築再造——從川越古都移築過來、一百二十年歷史的傳統倉庫構件，在新的建築裡重新組構。長坂常說：「不是將傳統的倉庫乾淨地保留下來而已，而是要賦予它新的機能與價值。」經過新舊融合的這裡，是店鋪也是藝廊，更是傳達這個時代新概念的獨特空間。

入住設計旅店、閱覽周邊建築，這樣偶爾的東京一日出走與散步，對我來說，是重新補充能量的有效方法，也更有精神面對接下來每一日的挑戰。

長坂常設計的New Balance 日本概念店。

舊建築重組後被賦予新生命的大門。

｜喜歡的細節｜

DETAIL

1. 床頭板上的開關板，與低調的閱讀燈。
2. 陽臺上植栽映在窗上的樹影。
3. 仿舊木板成為大門的內裝表面材。

充滿實驗性的率性房間
all day place shibuya

| 011 |

- UDS +DDAA Inc. / DDAA LAB Inc. 元木大輔
- 2022

東京都渋谷区渋谷 1-17-1

二〇二二年，澀谷美竹公園旁開了一間新的旅店，位於旅店的一、二樓，有著可以隨意光顧的啤酒吧、商店、咖啡與披薩餐廳，由新一代日本建築師元木大輔所帶領的DDAA 設計，不太修邊幅的率性空間裡，木夾板構成桌椅與吧檯，方形綠磁磚從室內延伸至戶外，相同材質鋪造的半戶外座位與花臺，模糊了與城市的邊界，不造作的有趣空間很受年輕設計人的喜愛。樓上也是由 UDS 所營運的旅店「all day place shibuya」，便找了個機會入住一晚。

all day place shibuya 一共有一百六十間房間、十幾種房型，供應各種需求的旅人。大部分客房以木紋邊墨綠色美耐板材製成的基礎家具與各式櫃體所構成，在白色空間裡顯得相當有個性；「用最日常的材料，創造出非日常的風景。」是元木大輔對這個旅店的詮釋，在有限的空間裡，將客房配置與家具設計進行最有效率的考量。不過比較特別的是，位於最上層的「Party Suite」房型，反而延續著公共空間的磁磚素材，房間裡69公分以下的面材，從寢臺、茶几、一直到地板都鋪上了10×10公分的茶色方磚，將床鋪、臥榻、有著簡單調理機能的大吧檯都放在一起，沒有隔間的大空間，很適合朋友同歡。

除了做為主角的方磚，空間裡還點綴著一些銀色金屬元素，像是特製高凳、吧檯、門板或是百葉簾，和以柔軟LED燈條製成的燈具、床墊旁的植栽坑，各種帥氣、率性且

床邊的特製燈具。

磁磚製成的小茶几。

適合朋友同歡的簡單吧檯。

| 1 2
1. 窗邊的臥榻。2. 各種高度與磁磚尺寸間的關係。

自由的設計，利用再日常不過的材料，藉由建築師的創意碰撞而產生的火花，非常令人驚喜！我們細數房裡各個磁磚接縫與對線的細部，檯面高度與磁磚尺寸之間的關係，不同材料之間的收邊或是特製燈具與百葉簾的用法……等，都令人感受到耳目一新與無與倫比的創作性。很喜歡這種明明充滿各種細節的設計，卻呈現出不拘小節的隨興，比起那些修飾過多的漂亮空間，這樣簡單隨意的餘裕更令人感到自由舒心。

二月的東京空氣依舊冷冽，沒什麼活力的身體也懶得走出房去，早晨沖了杯自己帶的咖啡，倚著臥榻翻翻雜誌或看著窗外的澀谷風景，對比忙碌的城市，讓人反而更能享受這清閒光陰。

｜喜歡的細節｜

DETAIL

1
2 3 4

1. 以磁磚特製的燈具。2. 配合磁磚大小所訂製的插座面板。
3. 轉角處的45度角收邊。4. 飯店自家品牌備品的設計與搭配。

輯四

THE SHARE HOTELS

與地域共生的年輕旅店品牌

1.TSUGU 京都三条。
2.HATCHi 金澤。

旅宿營運公司 THE SHARE HOTELS，是日本不動產企業 ReBITA 旗下的品牌。創立於二〇〇五年的 ReBITA，於二〇一六年開展旅店事業，從金澤的一間小旅店「HATCHi 金澤」開始，東京的「LYURO 東京清澄」、北海道「HakoBA 函館」，一直到二〇二一年開幕的「MIROKU 奈良」……等，以「與地域共生」為目標，在日本函館、金澤、東京、京都、奈良、廣島六個都市裡，開展了九間獨具特色的年輕旅店。

THE SHARE HOTELS 有著年輕的靈魂，也不忘重新詮釋在地歷史，推廣在地文化，「Various Individuality、Contemporary locality、Simplicity、Sociality」這四個關鍵字，是其塑造旅店的重要標準：改建舊有空間，在那些本就刻畫著在地記憶的空間裡，加進

新的當地故事；融合傳統工藝與現代藝術，創造出屬於這個時代的新作品；對於環境友善，省去不需要的設計；更偶爾舉行各種與在地交流的活動，連繫著旅人與在地住民……慢慢地，從二〇一六年至今，在日本各地不同的 THE SHARE HOTELS 旗下旅店都形塑出自己的個性，年輕、直率卻也溫柔親切。

雖然並未參與「HATCHi 金澤」旅店開幕，但二〇一七年開幕的「LYURO 東京清澄」，是我認識 THE SHARE HOTELS 的開端，也是對其理念與空間一見傾心之處。二〇一七年的「KUMU 金澤」、二〇一八年的「RAKURO 京都」、二〇二一年的「MIKURO 奈良」，都讓人在在感受到品牌的用心；所以每次出走，我都會搜尋那個城市裡是否有 THE SHARE HOTELS 品牌的旅宿，因為它總是能讓我在繁忙緊湊的旅程中，得到很大的舒適與安心。

LYURO
THE SHARE HOTELS
THE YOMIURI SH

隅田川旁的年輕旅店

LYURO 東京清澄

LYURO Tokyo Kiyosumi

| 012 |

- ReBITA Inc
- 2017

東京都江東区清澄 1-1-7

「LYURO 東京清澄」二〇一七年在清澄白河開幕，當時我正好也住在同一個區域。在好友的邀請下，我有了一探究竟的機會，入住一晚。

「LYURO 東京清澄」距離清澄白河車站步行約十分鐘，座落在隅田川旁。白色的建築物點綴著藍色的磁磚，主視覺及飯店招牌的藍色也恰到好處，呼應一旁隅田川與清洲橋，非常清爽；建築內，簡單的大廳連接著用餐空間，河邊的大棧臺是其公共空間的最大特色。

二〇一七年的當時，我對旅店並未有太多的經驗與研究，在我的刻板印象裡，有著「上下鋪」房間、共用衛浴的型態，通常是「Guest house」或較便宜的膠囊旅店；一般俗稱的「Hotel」不就應該是雙床房、雙人房或更大的豪華房嗎？不過在參觀過 LYURO 的房間後，讓我對旅店型態的可能性多了更多想像。LYURO 的旅宿房型，正是同時有

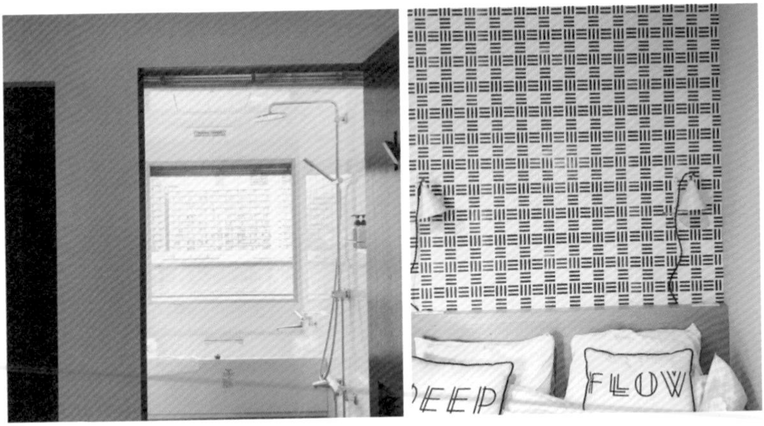

1 2　1. 衛浴的玻璃門，讓進房後的視線依舊一覽無遺。
2. 牆上的壁紙是旅店主視覺設計裡的小元素。

著背包客旅店的上下鋪、共用衛浴，也有一般旅店的雙人套房型態。

雙人套房中鋪著藍色地毯，牆壁上的壁紙繪製著古代的河景圖案，或是旅店主視覺設計裡的小元素，藍色的基調呼應窗外的隅田川風景。LYURO的雙人套房將泡澡空間設在窗邊，為了不讓衛浴空間遮擋住風景，採用玻璃材質的整體式衛浴。重疊的幾個大窗，讓進房後的視線一樣可以望著川邊，一覽無遺；想保有隱私時，關起藍色的大木門，就可成為自己的小空間。趁著天還亮時進入泡澡間，看著清洲橋的藍色風景、閃閃發光的隅田川，在全身浴的同時也盡情享受美景風光。

房內簡單的設施提供最基本的住宿需

走廊以旅店的藍色為主調。

求，小巧思的三角形鏡子、精緻的小吊燈及特製寢具等設計細節，都讓空間加了不少分。看著窗外漸暗的天色，掛著叮咚吊燈的屋形船穿過，替這一次的東京出走增添了許多愜意美好。

或許是LYURO開啟了我到處探訪旅宿的契機，想知道「旅宿裡的客房」這樣一間小小房間裡還能有什麼有趣變化，有多少的可能性等著我去發掘。在河邊的大棧臺用過早餐後，散步在隅田川河堤上，慢慢走進有著各種咖啡廳、質感選店與二手書店的清澄白河一帶，再跨過木場公園，漫步於東京都現代美術館。在LYURO度過的一日好眠，與隔日的清澄散步……美好得讓人儘管住在東京，還是很想找個時間，再這樣悠閒地過上一天。

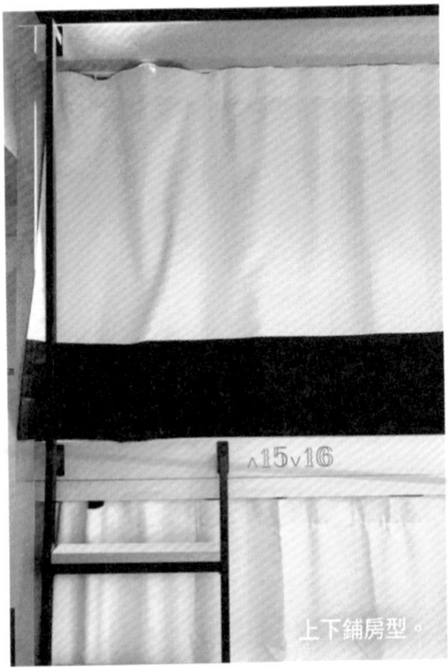

上下鋪房型。

浴室外的清洲橋風景。

｜喜歡的細節｜

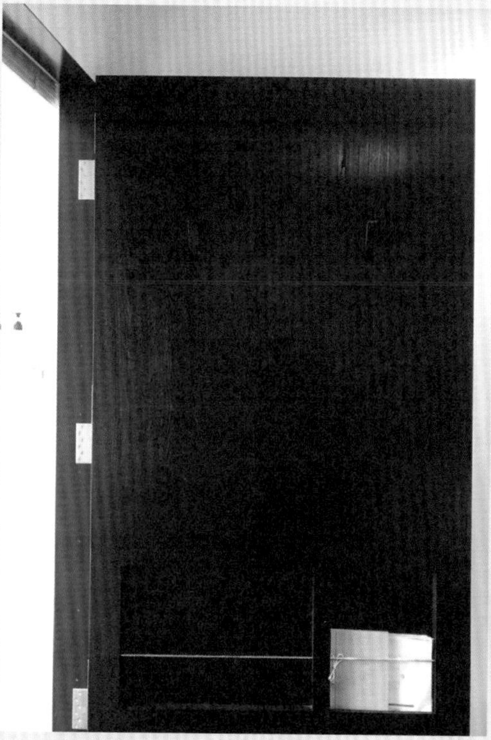

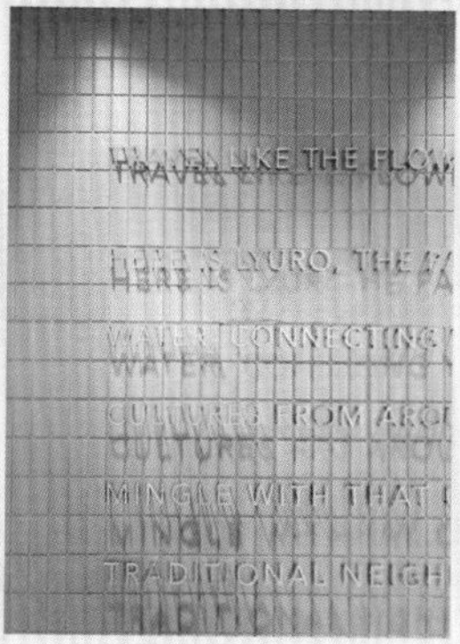

DETAIL

1 2 3

1. 保住隱私的藍色大木門上，可收納式掛鉤及內凹的文件收納。
2. 三角形的鏡子與垂墜照明的平衡。
3. 飯店門口的指標設計與光影。

Cozy 京都，現代和風旅宿
RAKURO 京都
RAKURO Kyoto

工作加上旅行，讓我這幾年有許多探訪關西地方的機會，也體驗了好幾處不錯的旅店。這次也是因公出差，必須在有限預算下於京都過上一夜，便想到了 THE SHARE HOTELS 旗下的「RAKURO 京都」，這棟在二〇一八年就開幕的旅宿。

靠近京都御苑的「RAKURO 京都」，是由兩棟三十多年的舊辦公大樓改建而成的旅宿，重新以廊道串連的兩座大樓，取京都「長屋」的「前部、廚房、中庭、後方」的構成方式，做為旅店空間組構的本質，重新解讀長屋的「公共空間」與「私人空間」，並體現於「RAKURO 京都」的旅宿機能與營運方式上。

在設計上，則以所在地京都丸太町的街道氛圍為靈感，提出「Cozy 京都」的概念，為 RAKURO 京都打造成一個融合京都特色、住居舒適及非日常的旅宿空間。旅宿整體以木質調搭配簡單色彩，公共空間在二〇二三年四月換上了新裝，由建築師田中裕之所設計，他將傳統建築裡常見的圓窗語彙，重新解讀並以現代的建築材料重新詮釋，大空

| 013 |

- the range design INC + MISO studios（2018）
- HIROYUKI TANAKA ARCHITECTS（2023）

京都府京都市中京区常真横町 186

| 1 2
1. 共用空間一隅。(THE SHARE HOTELS 提供)2. 房內的衛浴配置，使用起來相當方便。

間深處裡，鐵網製的圓窗後，是利用京都山林的植栽所構成的藝術作品，也是整個空間的大焦點。新空間裡除了舒適的用餐與休憩空間，更設置了新的「植物芳香蒸餾實驗」吧檯，利用京都的植物，蒸餾出專屬於這裡的香氛，不但能讓旅人好好放鬆，也可在此感受到不同於其他旅店的難忘體驗。

客房則以溫潤的色系為主，裡頭的各個尺度都以日本傳統「和室生活」為基準，採用較低的設計，設有寢臺或是榻榻米，營造出適合對話或交流的空間。比起 THE SHARE HOTELS 旗下的其他旅店，RAKURO 京都可能稍嫌樸素單純，但這樣以最少量的裝飾提點出現代和風的特色，反而很適合公差或者是短暫旅行，讓人可以舒適地在這裡過上一夜。

｜喜歡的細節｜

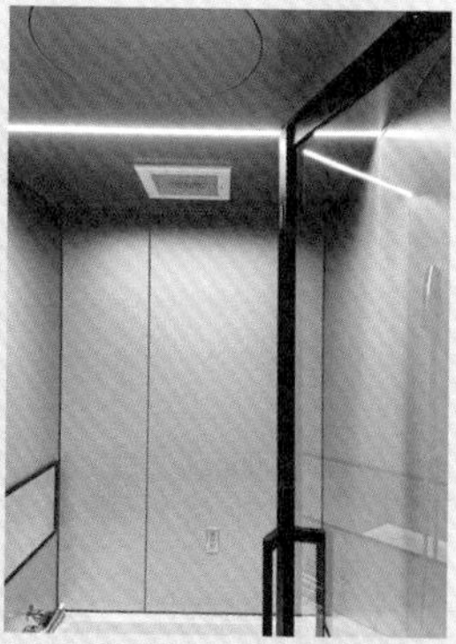

DETAIL

1. 牆壁上木製掛鉤與金屬的細部構成。
2. 衛浴空間的圓形維修開口及長條形照明。
3. 設在相反面的門鎖。

連結、轉譯新舊金澤文化的共享旅店

KUMU 金澤

KUMU Kanazawa

| 014 |

- YUSUKE SEKI
- 2017

石川県金沢市上提町 2-40

二〇一〇年第一次與家人前往金澤，看了日本三大名園之一的兼六園，體驗了 SANAA 的金澤二十一世紀美術館，也嚐過了近江町市場裡的新鮮生魚。二〇一七年，同住在東京的台灣好姐妹臨時邀約，我再次啟程，去好久不見的金澤走走。除了一定要再參觀的金澤二十一世紀美術館以外，谷口吉生的鈴木大拙館、K & H 建築事務所的金澤海未來圖書館，也在這次的尋訪名單內。剛好，THE SHARE HOTELS 在金澤的第二間旅店「KUMU 金澤」也在當時開幕，就趁著這次機會前往體驗。

THE SHARE HOTELS 繼第一間小旅店「HATCHi 金澤」之後，二〇一九年找來了新一代設計師關祐介，在離金澤城不遠的地方，翻修了一棟舊辦公大樓，以「KUMU 金澤」

利用鏡面拉門，創造空間層次。

1 2　1. 刻意留下舊建築的部分樣貌。2. 天花板上的木頭格子組。

為名重新開幕。畢業於金澤美術工藝大學的關祐介，擅長以摩登風格表現日本傳統之美，從長崎的 MARUHIRO 陶瓷器專門店開始，一直到 KUMU 金澤、東京的 OGAWA COFFEE LABORATORY，都是非常令人注目的作品。

他在設計金澤的 KUMU 時，取日語中「組む」（kumu，組合）、「汲む」（kumu，汲取）、「酌む」（kumu，酌飲）這三個同音不同義的字詞為概念，創造出一個「連繫人與場所、體貼溫潤、熱情款待」的空間。將一樓大廳兼「茶 Lounge」的天花打開，掛上木製的格子組與日本傳統木拉門；格子組同時是拉門軌道，可依照不同的需求區隔；極具彈性的寬廣空間，也成了金澤在地人與旅人交流的「客廳」。空間中央的大吧檯，兼具 Check-in、服務中心、茶 Lounge 吧檯，甚至有時也會成為活動的場所。空間裡刻意留著一些過去大樓的壁面或半毀的牆，其實也是關祐介在設計上常用的「減法而延伸出的加法美學」，利用這些像是還存在於「過程中」的物件，引發人們想像職人工作時

| 1 2
1. 牆上的菱格紋障子遮擋了強光。2. 走廊盡頭的茶空間。

的樣貌、傳達空間的持續性，或者是保留建築物的故事性。

KUMU 的房間也是以最小量的裝修呈現，架上寢臺、鋪上榻榻米、吊上衣櫃，牆上的菱紋格障子遮擋了外部的強光，同時也成為房裡的裝飾。可能因為是改修自舊辦公大樓的緣故，採光的開口並不太多，不過偏暗的房間很適合好好休息，更適合幾人同歡小酌。除了房間以外，三樓與五樓的走廊盡頭，還有供給所有旅人使用的茶空間，不造作的牆面與纖細的木家具，衝突卻又和諧，在這裡也可以看到建築師對設計理念的堅持與落實。

｜喜歡的細節｜

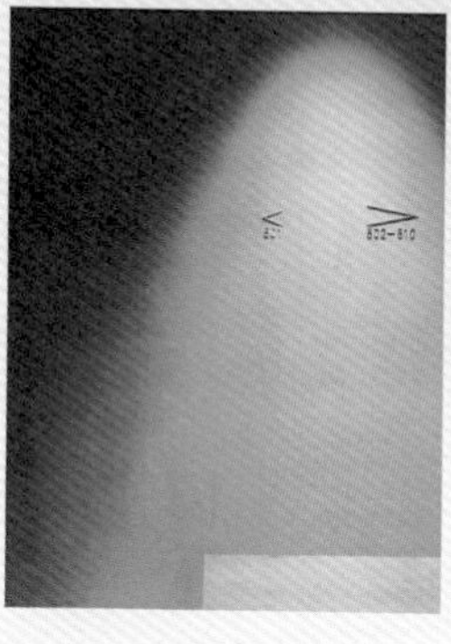

DETAIL

1
2 3 4

1. 掛櫃的 L 型櫃門。2. 可收納的電視。
3. 不對稱的指標設計。4.Minibar 的小洗手檯。

大方不造作的樸實旅店
MIROKU 奈良
MIROKU Nara

｜015｜

- KEIJI ASHIZAWA DESIGN
- Fumihiko Sano Studio
- 2021

奈良県奈良市高畑町1116-6

從京都出發大約三十分鐘就能抵達的奈良小鎮，除了著名的幾座古寺以外，更以野生小鹿與舒適自然的環境為人所知。對於奈良的印象，一直停留在十多年前與家人旅行時的回憶，因為首次體驗滿開櫻花的記憶，奈良對我來說一直都是美麗又可愛的存在。這幾年，許多旅店企業也紛紛在奈良開設舒適美好的旅店，THE SHARE HOTELS 也在這裡展開了新的旅宿「MIROKU 奈良」。

「MIROKU 奈良」位於奈良公園的南端，靠近世界文化遺產興福寺的五重塔與春日山原始森林，原為三十多年的舊大樓。THE SHARE HOTELS 找來了日本建築師芦沢啓治與美術家佐野文彥，將室內空間重新翻修，賦予舊有空間新的樣貌與生命。

旅店入口前堆疊幾座大地色石塊，奈良產的吉野杉佇立著，佐野文彥大膽的配置改變了原有單調的入口，給人深刻的第一印象。

走進旅宿裡，以淡灰色為基調，配置眾多木質感家具的大廳迎接著我們。休憩空間兼餐食空間裡的大長桌上，是芦沢啓治先生所設計的和紙燈飾。芦沢啓治事務所除了建築與室內空間的設計以外，業務更延伸至「石巻工坊」以及「Karimoku Case Study」等日本著名的家具品牌；由他設計的「MIROKU奈良」空間裡，也擺著許多直率溫暖的木質感家具，創造出舒適簡練的現代日式氛圍。除此之外，空間裡更使用了許多奈良當地的品牌與材料，像是吉野杉、飛鳥石或是宇陀和紙……等，透過施工與設計，將奈良的自然融入空間，讓旅人親身體驗。

地下一層的茶空間與特製客房同樣出自佐野文彥，奈良出身的他，十分了解這裡的歷史與人文內涵；對他來說，比起細膩的京都，奈良的人們、城鎮的尺度、古老的建築來得更為「大方不造作」，於是他大膽地在空間裡放上石塊，在牆壁上抹上泥土、嵌入木塊……以柔和的間接光點亮空間，詮釋了自然不造作的奈良氛圍。

早晨陽光照進淡灰色空間。（THE SHARE HOTELS 提供）

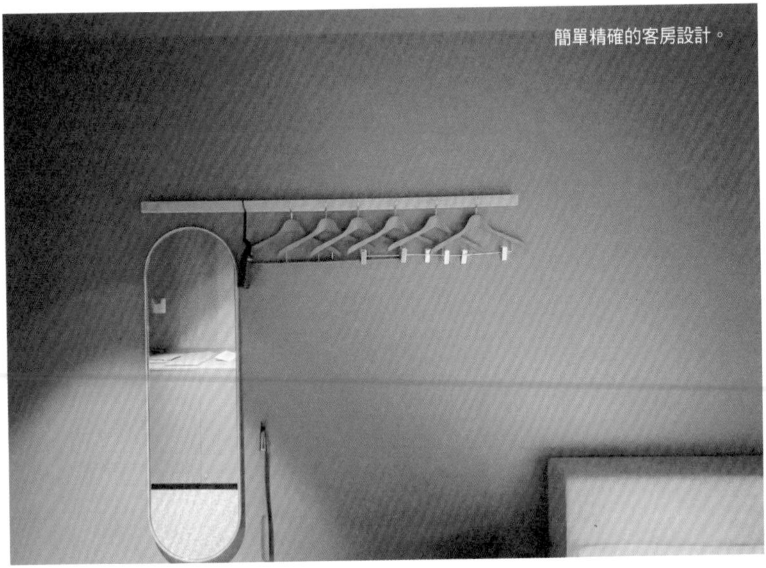

簡單精確的客房設計。

而由芦沢啓治所設計的客房空間則呼應大廳，以淺灰色為基調，日式和紙窗成為空間裡最大注目焦點。衛浴與廁所藏在木紋牆內，被簡化的空間裡沒有過多的設計，誠實且內斂，以最樸實單純的樣子帶你進入夢鄉。

早晨，陽光透過薄簾打進餐廳，照亮牆上的藝術作品、空間裡的植栽；窗旁即是荒池園地的綠草皮，運氣好的話還可跟奈良鹿一起享用美好的朝食……由佐野文彥與芦沢啓治打造的「MIROKU 奈良」，利用工法、材料、空間展示了奈良珍貴的歷史底蘊、豐富的資源，以及可愛的性格與風情，也讓我重新認識了這裡。

｜喜歡的細節｜

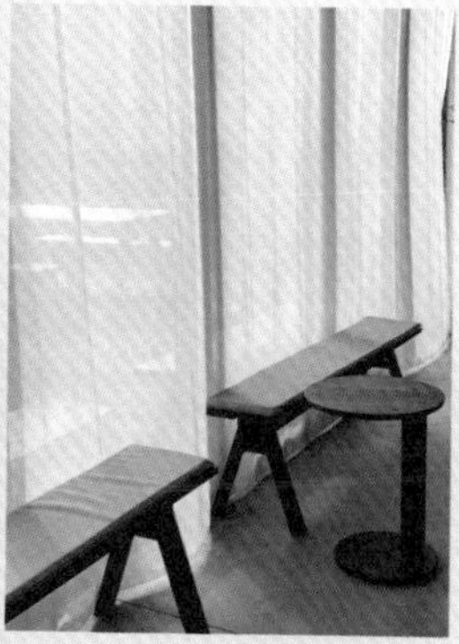

DETAIL

1. 餐廳的特製燈具。
2. 公共空間的家具選擇。
3. 客房木門的把手與五金。

輯五

都市型設計旅宿

在東京感受時髦生活

1. 東京 _Caravan hotel tokyo。
2. 東京 _BnA_WALL-Art Hotel in Tokyo_ 元木大輔設計的房間。

明明住在東京，怎麼還會想到東京內的旅店住宿體驗呢？

二〇二〇年新型冠狀病毒肆虐全球，日本政府也對應疫情提出了許多對策，時緊時鬆；日本社會長久的高度壓力，也因為疫情時代的在宅工作、時差出勤*、時短營業**、社交距離……讓本來沒什麼彈性的企業，產生許多不同工作型態，也鬆動了工作習慣，讓生活多了許多空間與彈性。

後疫情時代，日本政府為了振興觀光，更出現了「Workcation」這個新詞，源自於「Work」（工作）和「Vacation」（度假）的結合，提倡到度假勝地或住家以外的地方工

*在公司規定的工作時數基準上，員工自己可以決定上下班時間的制度。
**意指縮短營業時間。

東京鐵塔。

東京 _ONE @ ToKyo。

作。被關了大半年，每天困在住家與工作空間之間，遇見一樣的人做一樣的事情……原本就不定時需要出走的我，也決定在感染人數逐漸趨減的期間，短暫離開那令人煩膩的生活環境。搭上了當時的 Go to travel 政策*，小心翼翼地邁出步伐，一方面也以學習為理由，體驗了幾間在東京的旅店。

無論是稍微高級的時髦旅店、設計型年輕旅店，更甚至是膠囊旅店，城市裡不同形態的不同旅宿，都讓平淡無奇的東京生活多了許多特別體驗，也是我在日常工作與生活裡，汲取靈感的方式與來源。

* 日本政府為了復甦因疫情衝擊的觀光旅遊業，所推出的振興方案；以實質補助方式，吸引消費者外出觀光消費。

下町的時髦風格旅店
DDD HOTEL

｜016｜

- 二俣公一
- 2019

東京都中央区日本橋馬喰町 2-2-1

從東京的東邊搬到西邊之後，就很少探訪都心以東這個區域了。雖然新宿澀谷相當便利，但我依舊經常心心念念銀座、日本橋一帶，心繫東京下町寬闊的街景、溫暖的人情。這次的出走，雖然只是從東京西邊搭上電車到不遠的東邊，但因為景色與氣氛不同，也讓心情開闊了不少。走逛了幾處近期開幕的商業空間之後，讓心情放個假，便到位於馬喰町車站旁的 DDD HOTEL 留宿了一晚。

紅磚立面的外牆，一個個黑色的拱形窗並排著，加上樓頂上的「D」招牌，散發出一點歐洲風情，極具質感。入口的金銅色大門打開後，黑白灰的空間裡簡單掛著藝術品，一旁的黑色牆角收了個圓弧，引導來訪旅人進到內部的餐廳。黑色牆面的深處則是旅店附設的藝廊，整個空間沒有太多繁雜的裝飾，磚牆與透明的玻璃像是隔絕了外部紛亂的街弄，帶領著我進入乾淨並充滿設計感的空間裡。儘管餐廳與藝廊因為疫情暫時休業而無法參觀，但公共空間依然營造出不同於以往的氣質氛圍。

DDD HOTEL 改修自有著三十五年歷史的 Hotel Nihonhashi Villa 商旅，請來日本建築設計師二俣公一重新設計，將原本一樓的停車場改為藝廊與餐廳、一百二十二間客房內部整理裝修，加入代表 DDD HOTEL 的深綠色與白色，簡練沉穩。最小的房間僅有十四平方公尺（約四坪大小），一台加大單人床與一個放置備品的小台車、嵌在牆內的迷你衣櫃與冰箱、貼滿淡墨綠色馬賽克磚的簡單衛浴空間，房內沒有電視，也沒有桌椅，只有最簡單的必需品與被拱形窗框起的東京景色，相當適合一個人的出走。

DDD HOTEL 除了相當重視空間上與內裝設計，備品上的選擇也非常講究，提供了自家品牌的毛巾、日本當地品牌 Aid 的沐浴與洗潤髮、沙龍級品牌 Nobby by TESCOM 的吹風機，而衣櫃裡更掛著與日本服飾品牌 HATRA 合作的灰色長睡衣，更是成為這次小旅行的心頭好，柔軟舒適的觸感，給予我一個安穩舒服的夜晚。

紅磚立面的外牆，黑色的拱形窗，散發一點歐洲風情。

1. 房內的備品包裝設計。2. 二樓咖啡廳 abno。

有了充分的休息後，隔日到二樓咖啡廳abno享用簡單的餐點，一塊可頌與一杯拿鐵成了我這個工作日的開端。出走的隔日還是上班日，但事務所依舊實行著在宅工作的政策，我便在這個沒有太多客人的米色空間裡，開始一天的作業，讓已經悶壞的心靈，在這個寧靜的環境得到一點點的救贖。

｜喜歡的細節｜

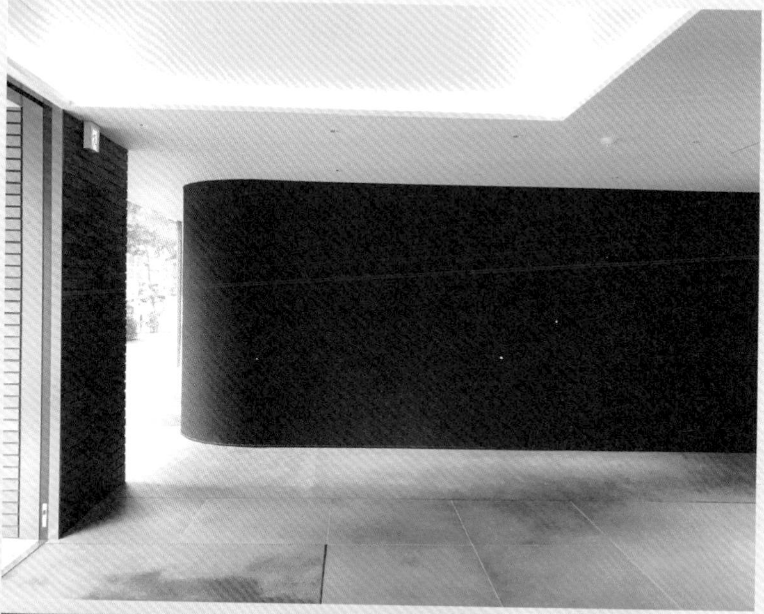

DETAIL

1
2 3 4

1. 浮起的黑色曲面牆。2. 沒有上軌道的櫥櫃百葉拉門。
3. 燈泡床頭燈。4. 弧形窗上的弧形窗簾盒。

競技場旁的木格子

三井花園飯店─神宮外苑東京普米爾

MIROKU NaraMitsui Garden Hotel Jingugaien Tokyo PREMIER

｜017｜

- 日建設計
- 2019

東京都新宿区霞ヶ丘町 11-3

二〇二〇年，為了東京奧運緊鑼密鼓的東京，到處都在進行整理、新建。擔任奧運開閉幕式、陸上競技比賽的新場館「新國立競技場」的完工，也相當受到大家的矚目。就在它旁邊，一座呼應著競技館木質感，以木頭做為主要外裝的新穎建築物「三井花園飯店─神宮外苑東京普米爾」，也在那時開幕。

取自日本傳統「格子」*概念轉換而成的外觀，散發溫暖氛圍，與周圍的自然環境融合，但又因特殊的內縮造型，特別地引人注目。建築外觀上與競技場一樣，使用了真實的杉木做為飯店的主要表情，雖然建築主體結構仍以鋼筋混凝土為主，但客房陽臺側壁與上部天花（屋簷部），則裝設著三公分厚、有著特殊防火處理的實木杉木板。有別於

*日本傳統由木材拼組成的門，似日本和室的障子門，但多以縱橫的格子狀為主。主要用來做為建築物的隔間門使用，能阻隔視線，卻同時保有通風採光的功能。

一般因為防火限制而以木紋裝飾材（金屬上貼木紋膠紙等）做為外部建材的方式，日建設計打造出一座「實木飯店」。

「三井花園飯店普米爾」由日本三井不動產飯店集團營運，該系列目前在日本全國只有五座，是較為頂級的系列（三井花園飯店在日本國內共有二十三座），主打更高級的內裝、更豐富的設施與頂級的服務。「三井花園飯店—神宮外苑東京普米爾」位於過去神宮外苑綜合公園裡、神宮泳池的所在地，西北側是新宿御苑，東側則為赤坂御用地，周邊環繞著東京體育館、新國立競技場、神宮外苑棒球場等體育設施，天生的優質環境替這座飯店加了許多分。除了有著相當豐富的自然環境，來此運動或散步的人們也帶來了許多活力與生氣。

走進寬敞明亮的大廳，一旁的咖啡兼烘焙坊傳來陣陣香氣，那也是享用美好早餐的空間。在簡潔典雅的櫃檯 Check-in 之後，乘著掛滿過去泳池歷史舊照的電梯來到客房樓層，走廊與公共空間統一的木質語彙讓室內空間更有整體感，客房裡的咖啡色調與部分點綴的金屬燈具，時髦、沉穩也帶點都會感。房間皆附帶寬敞的陽臺，若是被安排到面向新國立競技館一側的客房，可近距離居高臨下欣賞這座由隈研吾所設計的建築物。

從旅店看出去的國立競技場風景。

相較於一般商務旅館普通的三點式預鑄衛浴，三井花園飯店—神宮外苑東京普米爾的盥洗空間更多了些心思，將洗面空間、馬桶與衛浴分開，大面的鏡子與洗面檯不僅方便使用，也讓人覺得舒適高級。二樓有大浴場，天生愛泡澡的日本人可選擇白天使用房內的衛浴，睡前則到大浴場讓身體徹底放鬆。看著浴場牆上訴說著神宮泳池、外苑一帶的歷史，在夢裡也一起懷念著過去那些令人歡騰的時代與盛況。

站在頂樓的展望臺，環顧著四周的東京景色，新國立競技場一旁的中央線來回穿梭，西邊新宿的 NTT Docomo 代代木大廈，東邊的東京鐵塔、天空樹、六本木的高樓群也慢慢點上了不同顏色的燈，身處在繁忙大都會中心的這種閒暇感，大概只有在這裡體會得到吧？

頂樓的展望臺。

房間一隅。

｜喜歡的細節｜

DETAIL

1
2

1. 房間內同色調的織品。
2. 實木板的陽臺。

「最小限」＊的住宿體驗

9 hours 水道橋

Nine Hours Suidobashi

| 018 |

- 平田晃久
- 2019

東京都千代田区神田三崎町 3-10-1

二〇〇九年從京都發跡的 9 hours 膠囊旅店，以「一小時洗去汗水」＋「七小時睡眠」＋「一小時整頓身心」為概念，將都市住宿的要素換成九個小時，提供都市生活裡剛剛好的住宿機能、剛剛好的價格，是一座定義全新價值觀的新型態旅店。

9 hours 於東京、橫濱、大阪到福岡等大城市裡都有據點，並找來幾位當紅的建築師如平田晃久、芦沢啓治等擔任室內或建築的設計。二〇一八年，平田晃久設計的 9 hours 淺草店，以淺草寺為中心，將周邊具有歷史的仲見世商店街景帶進建築，交錯的樓梯像是攀附在建築物上，替淺草的街道景觀注入了一道新的風景，特別的建築手法令人印象深刻；可惜淺草店不敵二〇二〇年爆發的新冠疫情，二〇二一年宣布休業。二〇一九年開幕的水道橋店，位於商業忙碌的市中心裡，比起觀光客取向的旅店，這裡更像是提供

＊意為「最小限度」，出自日本戰後狹小住宅的「最小限住居」之稱。

816
839
815
838
814
837
813
836
812
835

周邊加班或出差的上班族一個喘息的空間。

二〇二三年的疫情時代尾聲，抓住最後還能遠端工作的機會，我尋了一個沒有會議的日子，轉換心情到水道橋店住了一晚。水道橋店一樣由平田晃久設計，白色的建築物佇立在高架橋、水道旁；高層部有層透明的空間，是提供旅人休憩的大廳，同時有著辦公空間出租的服務。水道橋店在下午兩點就能 Check-in，若有辦公需求，也可提早到位於六樓的空間工作；不規則的階梯式空間，選擇喜歡的位置與風景，在此作業或進行會議，大窗外是忙碌的首都高速公路風景，當天色漸暗之時，也是該下班休息的時候了。

吃過晚餐、帶著 9 hours 提供的毛巾，到乾淨的共用衛浴洗漱，換上館內舒服的睡

1 2

1. 不規則的階梯式空間。
2. 高架橋旁的建築風景。

白色建築物中間，有層透明的空間。

衣、寫著可愛 9h 標誌的拖鞋，便窩進如蟬蛹般的膠囊裡。柔軟的床褥上擺著可愛的豆形枕頭，那是傳統老店 KITAMURA MAKURA 為了膠囊所特製的，只為給旅人最棒的睡眠。躺在膠囊裡，超時空感的空間漫著微光，辛勞一天的疲憊也慢慢被舒緩。

疫情時代的旅宿業，因為少了海外旅人的來訪，提出了許多吸引日本國內旅人的新方案，9 hours 也在這個時期開發了睡眠分析服務事業「9h sleep fitscan」。新型的靜音膠囊裡，設有紅外線相機、麥克風、身體感應系統，以測定心跳、呼吸等，吸引了不少好奇自己睡眠狀況的旅人前來體驗。偶爾跳出平淡日常，感受這種在都市遊牧的感覺，可能有一些不便、一些不習慣，但也讓窒悶的每日變得稍微新奇有趣。

乾淨清爽的共用衛浴。

洗面檯空間。

｜喜歡的細節｜

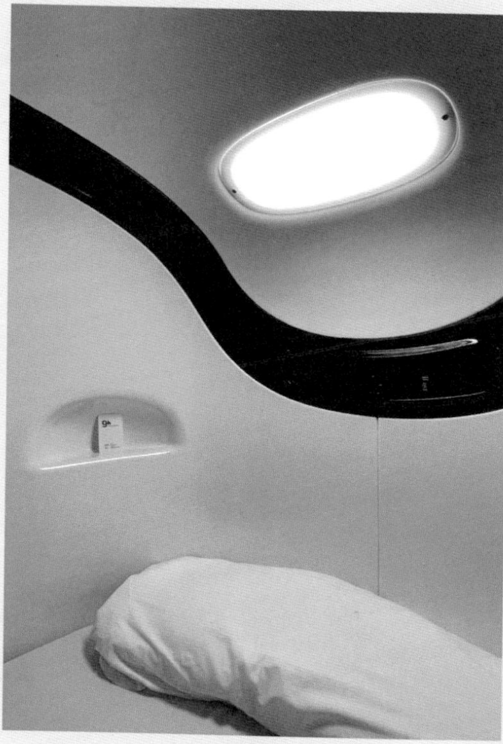

DETAIL

1. 膠囊內的內凹置物空間。
2. 行李收納櫃內，有專為長大衣設置的櫃板開洞。
3. 不同備品的專屬位置。

都市公園裡的年輕旅宿

sequence MIYASHITA PARK

| 019 |

- 竹中工務店
+SUPPOSE DESIGN OFFICE/ 谷尻誠
+Puddle Inc.
+ 柳原照弘
+ noiz architects

- 2020

東京都渋谷区神宮前6-20-10

二〇二〇年，連結著澀谷與原宿的「新」設施——MIYASHITA PARK（宮下公園）開幕了。宮下公園其實是座充滿故事的公園，早在一九五三年，東京戰後復興事業時，就以兒童公園的身分佇立於此；一九六四年東京奧運時期、都市擴張，因應停車需求，這塊土地的一樓成了停車空間，公園則被移到了二樓——「東京最初的空中公園」誕生，讓宮下公園引起了好一陣子的話題。可惜的是，一九九〇年代後，被移到二樓的「空中公園」與民眾的觸及性降低，反而變成遊民、街友們的居所，成為都市裡讓人不太敢靠近的區域。

二〇〇九年，澀谷區將命名權販售給 Nike Japan 並進行整備計畫、幫助遊民遷移，找來建築師塚本由晴重新規畫了這個區域，他們在公園裡加上滑板場、攀岩設施等，藉由引發「身體活動」以活絡公園空間，以「みやしたこうえん」（Miyashita kouen，為「宮下公園」的平假名）之名重新開幕。幾年後，為配合二〇二〇年東京奧運，澀谷區決定

sequence

藍灰色調的房間，令人放鬆。

再度重整這個區域，宮下公園這塊土地，從原本的都市公園用地，經由各種變更與改正，並加入商業用途，由三井不動產以 Park-PFI* 的方式投資、經營。二〇二〇年，綜合著商店、旅店、公園的複合設施「MIYASHITA PARK」，在這個都市縫隙再度重生。

新樣貌的「MIYASHITA PARK」，由日建設計、竹中工務店設計，北邊以一棟十八層樓的時髦旅店「sequence MIYASHITA PARK」為起點，原本一樓的停車場成了好幾間時髦的精品與潮流品牌店鋪，並呼應公園的活動機能，進駐了運動用品店。南邊則保留舊高架橋下的氣氛，並列著居酒屋，成了「澀谷橫丁」，以往那個黑暗昏沉的停車空間變得光鮮亮麗，成了人們齊聚的場地。

「sequence MIYASHITA PARK」除了有著地標性的外觀，室內空間找來了好幾位日本年輕建築師、設計師擔任設計：入口大廳是由谷尻誠帶領的 SUPPOSE DESIGN OFFICE 監修；餐廳是關西的室內設計師柳原照弘；最上層的酒吧則由在台灣也有分部的 noiz 設計公司負責；客房的設計則找了擅長時髦咖啡廳的 puddle.inc／加藤匡毅先生。不同氛圍的設計，讓人在每個空間都有不同的感受。更特別的是，旅店配合晚睡晚起的年輕人作息，將 Check-in 時間設定在 17:00，Check-out 則是 14:00：第一天可以放心遊逛大

* Park-Private Finance Initiative，意指都市公園空間裡的商業場所等設置、營運，由民間事業經營與管理之制度。

1.客房簡練的設計。2.在窗邊的長凳上休憩，看著大都會風景。

東京，隔天則睡到自然醒、賴賴床，邊梳洗邊閒適地看著窗外風景，最後再慢慢享用豐富的早午餐，開啟美好的一天。

我們在澀谷散步後，悠哉地到旅店報到，晚餐前兩個小時便在客房休息。旅店客房內簡練的設計，藍灰又帶點綠的牆面、木質感的家具，映著暖黃燈光；整片大玻璃外，是未曾看過、新角度的東京風景。設計師將洗面檯移出衛浴，縮小浴廁的量體，讓房間更加寬闊。窗邊的矮櫃兼長凳，可以臥躺其上，感受大窗外的都會景色。客房沒有電視，但附有藍牙音響，能放上喜歡的音樂，享受充滿東京都會氛圍的美好時光。晚上也可以到新的公園散步，走在交錯的手扶梯或搭在美竹通半空上的大階梯與空橋，看著不曾看過的城市風景，也是一種奇妙的體驗。

｜喜歡的細節｜

DETAIL

1 | 2
  | 3

1. 對齊磁磚縫隙的廁所物件。
2. 復古風格電源開關。
3. 寬度一致的床頭板與控制面板。

繁忙青山街頭的時髦旅宿
THE AOYAMA GRAND HOTEL

｜020｜
- 三菱地所設計
+乃村工藝社
A.N.D 小坂竜
- 2020

東京都港区北青山二丁目 14-4

日本都心開發不斷，東京青山外苑前一帶也經常看見舊大樓的拆除、新大樓的建造。外苑西路與青山路的十字路口上，由建築師黑川紀章在一九七六年設計的商業大樓Aoyama Bell Commons（青山ベルコモンズ）也在二〇一四年因設施老舊，決定閉館拆除重建。原本的Aoyama Bell Commons，進駐了許多流行服飾品牌、精緻選品店，不但有時尚大樓（Fashion Build）之稱，更是當時年輕人最具話題的時髦據點；偶爾也會聽到事務所的前輩們聊著青山外苑的過去，這棟大樓更是他們當時經常購物、逛街的地方。

二〇二〇年，由「三菱地所設計」所設計的新型態複合商業大樓「the ARGYLE aoyama」重新在此誕生，保留原有大樓的時尚精神，在地面層的幾間時髦商店或餐食以外，加入了旅店空間。四樓以上的高級旅宿「THE AOYAMA GRAND HOTEL」是由日本企業Plan．Do．See營運，找來了室內設計師小坂竜擔任內部空間的規畫與設計，整體飯店以中世紀現代主義風格（mid-century modern）出發，時髦的都會復古風格，沉穩裡帶點雅痞氣氛。穿過像是藝廊的梯廳、走廊來到客房，大房內鋪著棕色地毯，墊著灰色地墊，以 Vintage Mansion 做為概念，咖啡色調的空間配上摩登造型的木質感家具，強烈圖樣的織品或沙發，讓客房風格更加鮮明。襯著落地窗外的東京都會風景，室內寬敞的空間與溫暖的色調，令人宛如回到六〇年代時髦的歐洲都心。

「THE AOYAMA GRAND HOTEL」除了提供一般高級旅店的完備服務以外，房內從沐浴、洗漱用品一直到浴袍、睡衣……等，都是飯店特別調製、訂做的；另外，房內迷你吧檯內的零嘴、飲料與酒水皆可免費享用，不須外出採買，就可在時髦房間裡度過最放鬆的時光。旅館內提供各式各樣的餐食，四樓的日式餐食 SHIKAKU 像是大人的祕密空間一般，位於旅館深處；空間一樣找來小坂竜先生設計，吧檯式座椅前方是料理人的創作舞臺，旅人嚐著美味料理的同時，看著眼前新鮮食材成為可口美食，視覺、味蕾同

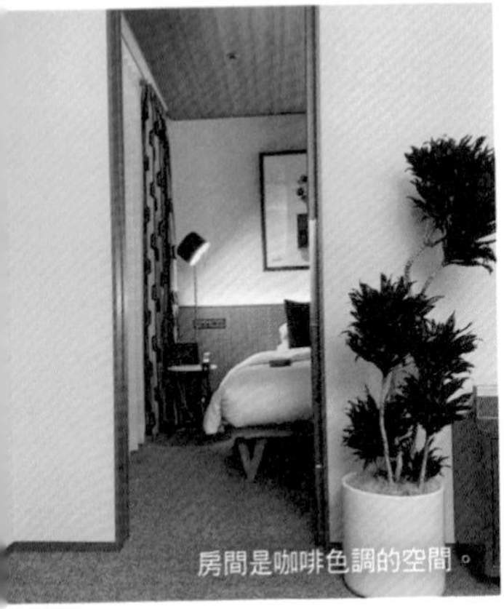
房間是咖啡色調的空間。

寬敞明亮的衛浴空間。

專為飯店調製的沐浴品。

梯廳也是摩登復古氛圍。

步滿足。吧檯上立著和風燈飾，照在原木的檯面上，微暗的燈光令人放鬆且舒適，很適合花點時間，來杯清酒配上日式烤魚與炊飯。

若是想享用西餐，旅店最上層的義大利餐廳 ROSSI，除了以日本在地食材重現美味經典的義大利料理以外，還有著極佳的視野，可以邊享用美味食物，一邊眺望東京夜景。餐廳的空間與客房不同，由室內設計師植木莞爾帶領的 Casappo & Associates 設計事務所操刀，仿義大利米蘭街頭圓形街燈並列在大理石製的酒吧檯上，營造出隨興又有品味的氛圍；黑色的棉絨沙發與深灰色大理石桌面呈現出餐廳的高級感，呼應著旅店 mid-century modern 風格，這裡的家具一樣帶點摩登氣氛。沉穩且時髦的空間、經典美味的料理，加上親切又和藹的服務……點上一杯調酒，偶爾有這樣放鬆的夜晚，真是東京緊繃生活中的一大享受。

四樓深處的日式餐廳SHIKAKU。

頂樓餐廳 ROSSI。

｜喜歡的細節｜

DETAIL

1
2 3 4

1. 間接燈光的格紋透光板。2. 三角形的床腳架。
3. 復古收納櫃的小抽屜。4. 餐廳的吊燈與東京鐵塔風景。

輯六

設計型特色旅宿

尋訪日本各地的建築師作品

1. 隈研吾設計的 COMICO ART MUSEUM HOUSE YUFUIN。
2. 坂茂設計的 KUR PARK 長湯。

「去住知名建築師設計的旅館」有時成為了我這幾年旅行的主要目的，實際住進空間裡，似乎比看看外觀、看看空間，更能貼近建築師的設計，更加了解其概念。像旅宿這樣提供非日常生活體驗的空間裡，有許多令人意想不到的角落，有時也富有許多實驗性與挑戰性。

與建築師朋友們一起體驗旅宿時，經常一邊實際感受空間，一邊討論空間好用與否；有時讚嘆，有時則評點要如何改善才能創造出時髦又便利的空間。激烈討論後，總會默默在心裡想著，或許可以拿這樣的空間體驗去說服老闆或業主，或是要記得避免那些為了美觀而喪失使用性的設計。我很享受這樣的時光，也很喜歡與朋友一起到處發現建築師的巧思與驚喜！

隈研吾的起點

雲之上旅店

Kumo no Ueno Hotel

｜021｜

- 隈研吾
- 1994

高知県高岡郡梼原町太郎川3799-3

因應二〇二〇年東京奧運延期，二〇二一年初時日本電視節目「Another sky」＊採訪了奧運主場館設計師隈研吾，並跟著他一起探訪了翻轉他建築人生的地方——高知．檮原町，在那裡聽他訴說當時的故事。看了節目的我們，也像是被感召了一般，決定前往檮原町，來場隈研吾建築之旅。

隈研吾在一九九〇年獨立開業後，最初作品較偏向後現代主義建築風格，沒有太多的轉譯，直接以較具象的型態表現；最著名的作品是位於東京的「M2」大樓，由混凝土灌製而成的愛奧尼克柱式是其最大特徵，與現在隈研吾所提倡的弱建築有著極大的差異；M2大樓在當初並未受到太大矚目，也讓當時的隈研吾事務所沉寂了好一陣子。

＊日本電視台節目，每集邀請一位在不同領域上有傑出表現的來賓，請他帶著觀眾探訪改變人生的重要之地，疫情前大多至海外拍攝，疫情後則以日本國內居多。後受疫情影響，於二〇二一年停播。

一九九四年，隈研吾接到「檮原町地域交流設施」的設計案，也就是現今的「雲之上旅店」，開啟了他與檮原町的緣分。高知縣原本就是日本森林面積最廣的地方，位於山中的小鎮檮原町更有百分之九十一的森林覆蓋率；隈研吾受到環境啟發，利用在地自然素材，創造出不同的建築型態，也奠基他往後對於材料使用的發想，以及由自然素材所發展而成的建築形式。

雲之上旅店是隈研吾在檮原町的第一座建築，屋頂的型態是來自「雲」的意象，數根白色柱子撐著兩端尖銳的白色橢圓形屋頂，陽光照在入口的水盤上，再經由水的反射映照在大屋頂上，特殊的光影引領我們走進旅店。以玻璃與木頭為主要材料的雲之上旅店，沒有過多的裝飾，巨大的量體配置還是看得出一點早期隈研吾對後現代主義的堅持，室內白色的挑高空間與迂迴的廊道動

| 1 2

1. 小鎮街上的別館。2. 來自「雲」意象的本館。（已拆除）

線，串起所有的客房與公共空間。雖然在整體氛圍與形態上，與現在的隈研吾建築風格迥異，但雲之上旅店確實是他建築人生中的重要啟程。

二〇一〇年，檮原町的街道上有了新設施「檮原街之站」，一樓是提供給在地居民的小市集，二樓則是旅店的別館。此外，在原本雲之上旅店後方搭起了一座「木橋美術館」，主要功能是連結旅店與後方溫泉的廊道，隈研吾利用在地杉木做為主要材料，組構堆疊成了一座像是大樹的建築物。象徵樹幹的主結構上撐著數個「斗拱」所編織而成的枝葉，以木構架組成了一座前所未有的建築，佇立在大自然裡，巨大且神聖。木橋美術館中除了廊道與小小的藝廊空間以外，後方也新增了「Royal room」的新房型，延伸著外部的建築構件，以杉木包裹著整個空間，天花板上的木構造交錯所形成的光影令人驚喜。房間分成上下

1 2 3 |

1. 木構造延伸至房內天花。2. 2010 年搭起的「木橋美術館」。

兩層，上層的客餐廳空間裡有著中央大調理檯與簡單的沙發椅，僅以玻璃與衛浴空間隔開，讓室內更加寬闊。窗外是檮原町的杉木林，邊泡澡邊享受山林風景，相當舒心。

從最早的雲之上旅店、木橋美術館、檮原綜合廳舍等，一直到二〇一八年開幕的雲之上圖書館，隈研吾的建築賦予了檮原町嶄新的樣貌，也讓更多旅人因為建築來到這個山間小鎮，認識這裡的文化，閱讀此地的故事。從一九九七年至今，二十多年的時間，檮原町裡的隈研吾建築已被時間刻上了歲月的痕跡，這次探訪的雲之上旅店部分空間也因設備老舊，決定拆解重建——新的空間一樣將由隈研吾團隊設計，期待他們再為這裡編織出新的風景！

檮原鎮上，隈研吾的最新作品——雲之上圖書館。

僅以玻璃隔開的衛浴空間。

｜喜歡的細節｜

DETAIL

1. 浴缸上防止蒸氣露水的塑膠天花。
2. 廊道的屋頂木結構與地板照明。
3. 木地板的拼接方式。

住進安藤忠雄的設計裡
Benesse House Park

| 022 |

- 安藤忠雄
- 2006

香川県香川郡直島町
琴弹地

到瀨戶內海跳島旅行，是很多藝術或設計愛好者的夢想之一。

一九八〇年代後期開始，日本出版．教育關聯企業「Benesse 集團」創業社長福武哲彥，以「在瀨戶內海的島上，開拓全世界孩子們的聚集場所」為初衷，提出了在瀨戶內海一帶展開許多文化藝術活動的構想，隨後由其子福武總一郎接手，以「場域特定藝術」＊的方式，邀請各地藝術家或建築師到島上選擇自己喜愛的場域，進行創作。年復一年，每個島上的各據點被放上許多藝術作品或建築，在瀨戶內海的風景裡，揮灑出前所未有的特殊光景。

一九九二年，由安藤忠雄設計，美術館兼旅店的「Benesse House Museum」開幕後，位於山丘上的「Oval」旅宿於一九九五年完工，海邊的「Park」與「Beach」的住宿空間

＊為了特定地點而創造的藝術作品。

也於二〇〇六年完成。這四間旅宿是來訪瀨戶內海的旅人首選，碰上週末或連續假期，旅店通常是滿房狀態。

Benesse House 以「自然、建築、藝術」共生為概念，旅宿大廳內的展間、客房與 Benesse House Museum，以及戶外的藝術作品，在林間、在海邊連成一線。「Park」與「Beach」的建築，面向平靜的瀨戶內海，是安藤忠雄建築中少數以木結構建造而成的建物。此外，「Park」前方還有一大片廣大的草原，點綴著許多藝術作品。

我第二次的瀨戶內海之旅，遇上了二〇二二年秋季瀨戶內海國際藝術祭，很幸運地預約到了 Benesse House 的旅宿「Park」，也是我第一次體驗由安藤忠雄設計的旅宿空間。

清水混凝土的廊道開著細長開口。

屋頂木結構從室內延伸至戶外露臺。

Benesse House 旅店「Park」與前方的弧形建築

| 1 2
1. 一進門的洗面檯兼吧檯。2. 室內的白色空間與木質調。

客房內部主要以白色空間搭配溫暖的木質調，屋頂的木結構從室內延伸至戶外露臺，大窗外是美麗的草原與海景。很喜歡一進門的洗面檯兼吧檯、置物檯，牆上的拉門分隔了掛衣鉤與置物鞋櫃。衛浴前更衣空間的矮櫃上，一個個被設定好的「物品專屬空間」，讓人感受到設計者的用心與貼心。

這次的旅程不想匆匆忙忙，我花了許多時間好好待在旅宿中，到旅館的藝廊散步，也到海邊看看經歷颱風後，浩劫重生的黃色「南瓜」。第二次的瀨戶內海旅雖然碰上陰晴不定的天氣，反而得到了與前次完全不同的風景經驗。不像是晴天時的湛藍海景，雨天灰灰白白的海色，像是被抽離了吵雜的顏色，變得安靜平和，我們也靜靜地看著時晴時雨，有時滴答有時寧靜，邊品嚐著咖啡，邊享受藝術與自然與恬謐。

｜喜歡的細節｜

DETAIL

1. 收納空間的簡易處理方式。
2. 衛生紙的專屬櫃。
3. 中島型的洗面檯。

SUPPOSE DESIGN 的黑色旅店

HOTEL CYCLE ONOMICHI U2

| 023 |

- SUPPOSE DESIGN OFFICE / 谷尻誠
- 2014

広島県尾道市西御所町 5-11

尾道，一個被山海包圍，有著許多坡道的小鎮。鎌倉幕府時期，因海運繁盛而興隆的尾道海岸，至今依舊有許多海運相關的事業，廣闊的藍天與海、造船、港口、倉庫、大船入港的港邊風景，是這裡的一大特色。尾道跟愛媛縣的今治市連結，串起了海上的自行車道，自行車運動在這一帶十分風行，倉庫改修的新設施「ONOMICHI U2」以及設施裡的「HOTEL CYCLE」，更成為這條路徑上的一處據點。

「ONOMICHI U2」及設施裡的「HOTEL CYCLE」，找來了建築師谷尻誠、吉田愛所帶領的團隊 SUPPOSE DESIGN OFFICE 設計，他們保留了倉庫原有外觀，延續昭和時期的舊名「県営上屋（うわや，uwaya）2号」，在倉庫入口處寫上新名號「U2」，呈現了一種傳承的精神與新舊時代的工業美。大倉庫裡，原有的建築結構上，裝飾著漁燈、金屬鐵皮……等與海運、造船業相關的素材，更放進了許多新空間：旅店、餐廳、咖啡廳、選物店，甚至也有台灣腳踏車品牌捷安特的旗艦店。

4
U2
ONOMICHI U2
5

客房一隅。

客房底端以玻璃區隔衛浴。

黑色主調的房間備品。

大空間尾端是設施裡的住宿空間「HOTEL CYCLE」，一樣由谷尻誠設計，以CYCLE＝「時間的流動、循環、自行車」等意象為概念，將這裡設定成一處可以感受特別時光、碰觸建築與藝術的自行車據點。建築師利用原本倉庫的挑高天花特性，在倉庫裡設計了兩層樓的空間，利用金屬鐵件製成的階梯串起廊道，延續尾道街巷的特色，時而細窄，時而又有著開闊的空間。這些廊道與公共空間上放著桌椅沙發、單車的收納架與基本單車道具，車友們可以在此進行情報交流，或是替愛車輪胎打氣、整理，替翌日的旅程做好準備。

另外，他們取尾道古民家常見木板素材，引入空間裡，柔和了剛硬的金屬，並在旅店的指標設計以及家具五金上點綴些許黃銅色，提升空間質感。黑色基調的房裡，有著齊全且充滿質感的旅店備品，受到既有建築的設計限制，客房底端以玻璃區隔的衛浴空間

1. 以既有出入口作為與室外的連結。2. 不張揚的指標設計。

同時是房內的採光與通風媒介，透明的素材更讓房間感受開闊了不少。

CYCLE 裡的循環之意，更展現在整個建築改修設計案上——當所有商店結束營運時，建築物也將回歸原樣。設計團隊盡可能地保留原有的建築模樣，不為了增加採光而打開牆面或破壞屋頂，僅以既有的出入口做為採光開口與室外的連結。如果真的有那麼一天，這座倉庫建築將原封不動地還給小鎮，安靜等待下一次的重生。

乾淨的大船靜靜地靠在港口，廣闊的藍天、海風景及舊倉庫的沿岸風光，令我不禁想起有著同樣港邊景色的家鄉高雄，也想起了與朋友們在港邊喧鬧的那些時光。不知道什麼時候，也能邀請大家一起再訪這個可愛小鎮，一起嬉鬧遊戲，欣賞美景。

｜喜歡的細節｜

DETAIL

1
2 3 4

1. 倉庫內的錯層空間。
2. 黃銅色的鏤空指標設計。
3. 與鏡子一體的照明。
4. 腳踏車專屬掛鉤。

建築師坂茂的第一座旅店
SHONAI HOTEL SUIDEN TERRASSE

| 024 |

- 坂茂
- 2018

山形県鶴岡市北京田下鳥ノ巣 23-1

日本庄內地方一帶，指的是山形縣西北邊的鶴岡市與酒田市，加上三川町、余目町、遊佐町三個小鎮。二〇一八年，建築師坂茂所設計的第一座旅店，於庄內平原上開幕。

享受著電車上的海風景之後，平原遼闊的自然田園景色躍然眼前。這次的旅行，是我第一次踏上庄內這片廣闊的土地，也是第一次感受到日本海的洶湧波濤。除了預計探訪位於鶴岡、由日本建築團隊 SANAA 所設計的莊銀 TACT 鶴岡（鶴岡市文化會館）以外，此行也要前往建築師坂茂設計的「SHONAI HOTEL SUIDEN TERRASSE」旅店，住上一晚。

遼闊田原上，「SHONAI HOTEL SUIDEN TERRASSE」就像是一座浮在水田上的木造

中央木盒子是櫃檯也是書牆。

可愛簡單的走廊梯廳。

旅店，由獨立的共用棟、住宿棟與溫泉棟所組成，穿廊與空橋連結著三棟主要建築物。我們走進鋸齒狀屋頂所構築的細長建築裡，溫暖空間裡漾著柔和的燈光，特製的木牆上挖著菱形的開口，與玻璃錯落配置著。中央的大木盒子量體是Check-in的櫃檯，站著親切的旅店人員；木盒子兩邊，有著在地選品的小店鋪及旅店的圖書空間，放著來自世界各地的選書，也放著一些建築師坂茂設計的桌椅。這個大場域，不僅提供給住宿的旅客，也同時讓非住宿的旅人或是在地的居民們自由地使用。

與共用棟相比，住宿棟的建築型態較為單純，以混凝土結構＋木構造所構成的方形量體堆疊而成，從主棟延伸出去，錯落在水田中；這樣的錯落所形成的縫隙，引導光線進到廊道裡，而刻意在盡頭框出的田園風光，讓室內空間增添了豐富的表情。貼著米色壁磚的客房裡有著基本的配備，簡單配置著坂茂以紙管設計的床頭與座椅，以及溫暖的木質家具、米白色磚牆、暖黃色燈光，讓奔波了一整日的我們感到放鬆；點起桌面上由坂茂重新演繹、設計的著名燈飾「Taliesin」*，讓空間氛圍更加柔和。在圓形的溫泉棟洗淨一身疲憊後，我們再

*Taliesin light：由美國建築師萊特於一九三三年設計的立燈，之後授權給日本 Yamagiwa 生產製造，二〇一七年開始，由坂茂等人重新詮釋、設計。

圖書空間放著來自世界各地的選書，以及一部分由坂茂設計的家具。

| 1 2
1. 溫柔紙管與木質感的房間。2. 共用棟底端的大露臺。

次回到木質感的溫柔房間，享受田園的寧靜氛圍，安穩地入眠。

翌日早晨，雖然外頭依舊時晴時雨，但前一日晚歸時未見的田園風光，都在這個美好的晨間盡收眼底。送走了同行的友人之後，自己多花了些時間靜靜地待在旅店裡，在房裡寫寫字，漫步在穿廊裡，到圖書牆翻翻書，或是走到共用棟的大露臺外，欣賞鶴岡特有的恬淡景色。在大雨中啟程雖稍嫌掃興，但雨水滴滴答答地落在水田上，似乎也是另一種療癒風景。

｜喜歡的細節｜

DETAIL

1
2 3 4

1. 延續至牆的紙管板凳。2. 可分離的小圓桌。
3. 與壁磚同尺寸的開關面板。4. 壁櫃的手把位置與冷氣口的開洞。

別府邊際，台地上的紅色旅店

GALLERIA 御堂原

Galleria Midobaru

| 025 |

- DABURA.m

- 2020

大分県別府市堀田6組

住了日本六年，至今才第一次踏上九州這塊位於日本南方的土地。從福岡、由布院、大分一路到了別府，整個九州給我的感覺，除了一樣有著我們習以為常的日本景色與文化以外，比起東京更多了點親切感；或許是因為九州有種南方人的熱情，又或是因為與台灣的距離更近了些。

別府，這個位於九州東北邊的小鎮，以各式溫泉而知名，溫泉的湧出量更僅次美國黃石公園，為世界第二。這裡最著名的就是七大地獄溫泉，以及那滿城煙霧的風景吧！一直冒著煙的別府，讓我想起了台灣的北投，相似的氣味和瀰漫著像是住了魔女般的煙靄，同樣帶點神祕。

二〇二〇年的年底，在別府邊際的台地上，由福岡的建築團隊「DABURA.m」設計建造的溫泉旅店「GALLERIA 御堂原」開幕了。DABURA.m 重新閱讀這個小鎮的樣貌，將別府的特色帶進整座建築裡，最引人注目的紅色建築外皮，是摻入酸化鐵的混凝土；

使用大分的杉木做為灌漿模板，並刻意留下模板樹紋、鋸斷切開或是釘板製作的痕跡，保留著拆膜後稍微粗糙的感覺，反映著與這片土地相同的色調與質感。大廳不像一般旅店充滿裝飾，乾淨的挑高空間懸掛著藝術家大卷伸嗣創作的大圓燈飾，與外牆一樣的壁面顏色讓空間連貫在一起，僅以不同的木模板質感做為區分。牆壁延伸至正面的大窗外，窗外的水盤映著只屬於別府的風景。

簡單 Check-in 後，服務生親切地解說空間，並帶領我們前往房間。迂迴的走廊與複雜的動線呈現了別府多小巷的特徵，鐵製的扶手上雕著不同的花紋，也都是從別府鎮裡取得靈感、繪製而成。彎曲的走廊，錯落有著光景的小庭院或是水盤，點綴著廊道空間，無論是視覺、聽覺還是空間感受，都讓我感到新奇驚豔。

| 1 2
1. 迂迴的走廊概念來自別府市街。2. 藝術家大卷伸嗣創作的大圓燈。

相較於粗獷的外觀，房間內所用的材質反而十分樸質細緻，原木家具呈現溫暖色調，而以永續性素材塗料為基底、灰色檯面的獨立洗面檯兼迷你吧檯，更是房間裡的焦點；可以一覽整個別府風景的大陽臺，與大片石板切割製成的獨立溫泉池，則提供旅人們最舒適安心的休憩空間。

「Galleria」在義大利文是藝廊之意，旅店以這個名字命名，也是因為在旅店的客房與公共空間，皆展示了幾位日本新銳藝術家對別府的新詮釋之作，讓旅人們可以像是尋寶一番，隨著建築的迷宮，尋訪散落各處的藝術作品。而我們也在休息後，參與旅店特別安排的藝術巡禮，聽著藝術家用不同角度述說的別府故事，藉此更了解這塊總是冒著煙、不可思議的土地。

別府是我們這段旅程的最後一站，「GALLERIA

1 2 |

1. 房間以溫暖木質調與原木家具為主要設計。2. 灰色檯面的獨立洗面檯兼迷你吧。

1. 房間裡的獨立湯池。2. 陽臺躺椅與別府風景。

御堂原」也是此行的最後一晚。天色暗下後，泡進房裡的獨立湯池，享受著能使皮膚滑潤、增進循環的硫磺溫泉，消除累積的疲勞。泡完湯、靠著陽臺的躺椅，讓暖呼呼的身體伴著五月夜晚的別府涼風，降下一些溫度，再到旅店附設的 Hot Spring Bar，來上一瓶九州啤酒，與同行旅伴大聊工作煩事或是旅程趣事，紓解身心壓力。最後隨著大廳的圓燈閃爍點滅，向服務生道晚安後，便各自回房就寢。

次日早晨，天空中飄著微雨，而別府小鎮的煙霧依舊。看著窗外發呆的我想著，雖然到了旅程的最後，還是沒有找到住在迷霧裡的魔女，卻像是被施了魔法一般，對於空間有了更多不同的體驗，也看到了許多從未見過的驚奇風景。別府，下次再見！

｜喜歡的細節｜

DETAIL

1
2 3 4

1. 金屬網的光影表現。2. 牆面材質的變換。
3. 地面的伸縮縫切割。4. 窗框與地板的縫隙處理。

小丘上的新型態旅店
白井屋旅店
SHIROIYA HOTEL

| 026 |
- 藤本壯介
- 2020

群馬県前橋市本町
2-2-15

二〇二〇年，日本建築師藤本壯介設計的首座旅店，在群馬縣的前橋市開幕了。

前橋，是日本群馬縣的一個小鎮，也是日本知名眼鏡品牌 JINS 董事長田中仁的故鄉；為了活絡故鄉前橋，他在二〇一三年成立了「田中仁財團」，在小鎮裡開設了「前橋鎮內研究室」（前橋まちなか研究室），邀請專家與市民一起舉辦各種社區改造活動。二〇一四年，他買下前橋的老鋪旅館「白井屋旅館」大樓，並邀請建築師藤本壯介一起參與，做點有趣的事情。

藤本壯介走訪了小鎮，看了舊大樓現況；他想著，若保留這鋼筋水泥大樓原有的柱樑結構，將樓板全部打開、讓陽光進來，這個四層樓的大挑空空間，將成為最特別的旅店

SHIROIYA
HOTEL

「Lighting Pipes」穿梭在空間裡。

穿梭交錯的樓梯，讓建築多了豐富的層次。

大廳，對於小鎮來說，也可以是一個大客廳，吸引人們到來……這個半開放的地方，將會成為小鎮上的一個新據點！

通常像是飯店這樣的商業空間，在建築設計上或室內空間再造時，都相當在意旅店內的獲利空間與服務空間的計算；而大挑空的方案，必須捨棄許多樓地板空間，不利於旅店營收——沒想到，田中先生聽了提案後相當喜歡，計畫就這樣順利進行了。

現在，打掉樓板後的空間裡，架著不同形狀的白色樓梯與走廊，交錯穿梭著，讓建築多了豐富的層次；而藝術作品也一同襯著空間，像是阿根廷藝術家林德羅．厄利什（Leandro Erlich）的作品「Lighting Pipes」，穿插在柱樑樓梯間；白川昌生、武田鐵平、瑞安．甘德（Ryan Gander）等藝術家的畫作，妝點著灰色的混凝牆；織品家安東陽子的掛簾，像是瀑布一樣從屋頂落下……透過天窗，陽光穿過這錯綜複雜的物件，旅人們在空間裡上下來去，像是與建築師、藝術家一同創作出有趣的動態作品。放上了家具、植栽後，白井屋的新樣貌所帶來的效果，也超越了藤本先生原有的想像。

白井屋旅店的改修計畫，除了舊棟的整理，也包含飯店後方新棟旅店的增

打掉樓板後的空間裡，架著樓梯與走廊。

房間牆上是藝術家的作品，盡頭則為白色小陽臺。

設。在思考面向馬場川路的新棟建築提案時，藤本先生想起了規畫「岡本太郎—太陽之鐘移設」時的小丘方案，也想起了自己的故鄉北海道，那對他來說像是「建築的原風景」一般存在的森林景色……於是，馬場川路旁堆起了小土丘，鋪上綠色草地，種植了一些樹林；一些空間嵌在土丘裡，一些白色的小房子散落在山丘上，而串連起空間的白色階梯，就像是街道的延伸，讓人自然地登上小丘，自然地散步到森林裡。隨著視點高度不同，小鎮風景也不盡相同，山丘下看不到山頂上的風景，讓人感覺更期待前方的未知，充滿驚喜。

舊空間裡的新空間，疊加新穎的想法，讓白井屋旅店有著獨特的個性，像是漫遊在自然中，也像是行走在立體的城市裡——這些公共空間的設計，也延伸到一間間小巧可愛的客房。舊棟的新客房，找來了幾位藝術家設計四間 Special Rooms，藤本先生也是其一，他設計的純白空間裡點著柔和的間接光，幾束小巧的綠葉從家具的端點長出，到處點綴著房間。

我們這次則入住旅店的新築空間：那些被埋在土丘裡的房間。因應著土丘形狀，低層的客房較為細長，除了有著最時髦簡練的基本配備，牆上還有藝術家竹村京的創作，客房的各處點綴著他的作品，像是睡在一間可愛的小藝廊。盡頭的窗外是白色的小陽臺，往外望好似走出白色洞穴一般，是一種神奇且意想不到的感受。

白井屋旅店不像一般旅店有著固定的餐廳、咖啡或賣店空間，但也因為這樣的不典型，使得旅店空間更具特色，隨時感受得到空間的趣味性，也隨時碰觸得到藝術作品。

夜晚，舊棟大挑空上的Lighting Pipes發著光，隨著音樂節奏變換色彩，有時像是Night club，有時又像是Jazz bar。在如夢似幻的氛圍環繞下，喝了點小酒、微醺的我們，帶著這樣放鬆自在的感覺和滿足的心境，期待夢裡還有另一個處處充滿驚喜的國境。

房間備品時髦又精緻。

是餐廳也是酒吧，不典型的大廳空間。

｜喜歡的細節｜

DETAIL

1
2 3 4

1. 架在原有樑系統上的空中廊道。2. 電視機的外白內黑金屬框。
3. 統一的黃銅色五金。4. 山洞隧道與山丘上的廊道。

輯七

舊空間，新靈魂

舊建築再造的設計旅店

1. 京都市京瓷美術館外觀。2. 京都市京瓷美術館中央大廳。

「舊建築再利用」已是大家非常熟悉且普遍的建築議題，老舊建築的利用除了保留原有的機能與樣貌，稍微修補、持續使用以外，更多的是在舊有空間裡加上新的設計、使用方式，有時會是商店、餐廳，有時也會成為博物館、美術館，甚至是旅店。

這幾年日本也有好幾座舊建築再利用的新案例，像是二〇二〇年開幕的京都市京瓷美術館即是其一。建築師青木淳將原有的帝冠樣式建築立面下挖出廣場，加上柔軟清透的玻璃線條，新舊建築的衝突、優美的姿態，我非常喜歡；田根剛建築師在青森弘前市的弘

| 1 2
1&2. 弘前紅磚倉庫美術館。

前紅磚倉庫美術館，利用相同的材料、不同工法，呈現出嶄新的美術館樣貌，也是這幾年極具話題的新舊建築改修案例。

我很喜歡新舊建築融合的案例，在那些充滿故事的舊空間裡，利用現代的材料、現代的手法，重新詮釋、創造屬於這個時代的設計，十分有趣又迷人。而變成新旅店的舊建築，由於可以讓人「過上一晚」，所以比起餐廳或博物館，感覺更貼近、更像穿越時空一樣地回到那個舊時代，閱讀那些豐富有趣的歷史。

日本當地舊建築再生的旅店，大約可以分成幾種類型：傳統日式木造建築的改修、明治維新後的洋風建築再利用、現代建築主義下混凝土樓的翻修再造……等。但無論是哪種類型，有著歷史痕跡的舊空間裡，堆疊著新時代的思想與概念，新舊碰撞的衝突，散發出的特殊氣質相當令人沉迷。

新風館

日本靈魂的北歐設計

Hotel K5

｜027｜

- Claesson Koivisto Rune
- 1923/2020

東京都中央区日本橋兜町 3-5

「銀行的發祥之地」東京日本橋兜町，在二〇二〇年開了一間有點特別、有點時髦的新旅店「Hotel K5」。Hotel K5 改修自近百年歷史的混凝土造建築「舊第一銀行別館」，保留了建築原有外觀及主要結構，將內部空間重新整理、規畫，重新賦予不同的個性與表情。策畫經營 Hotel K5 的團隊「株式会社 FERMENT」由 Nui. HOSTEL 與 Guest house toco. 的營運者本間貴裕、都市編輯者松井明洋、飯店企畫岡雄大組成，他們找來了瑞典建築師 Claesson Koivisto Rune（CKR）擔任空間設計，CKR 將北歐的溫潤時髦設計帶進 K5，與日本纖細迷人的性情巧妙融合，凝聚在這座充滿故事的建築裡。

CKR 以日文裡的「曖昧」（AIMAI）一詞，做為整體設計的主要概念；有別於過往那種被明確區分的空間機能，在 Hotel K5 裡，空間與空間之間沒有死板的分界，CKR 以最小限度的設計，表現出對歷史建築物的尊重與愛惜：公共空間裡的餐廳、酒吧、圖書

長型配置的客房，以連續的木作區隔服務空間。

客廳走廊地磚花樣轉譯自原有方型木磚。

是酒吧也是餐廳與店鋪的公共空間。

館與接待吧檯，皆混合在同一層的大房間裡；客房內保留了建築部分原始牆面、既有的地板，除了基本衛浴、收納、書桌與床鋪以外，其餘大多使用了輕柔的布簾與可動式的家具、燈具，做為空間領域的提點。沒有多餘的牆面，也沒有太多的門扉，新設計與舊有歷史痕跡相呼應，創造出一種唯有此處可以感受到的獨特風情。

CKR說，這樣的手法就像是日本傳統農家的榻榻米房間一樣，是客廳也是寢室，是餐廳也是會客室——這樣曖昧不明的關係對他們來說頗具吸引力，便把這個概念落實在這裡；也因為如此，空間的連續使視覺能自然地穿透、流動，產生更多的趣味性。而旅店裡「走廊與房間之間」這個一定會產生的「界線」，則利用了由既有方形木地板轉化而成的特製花紋磁磚來做延續，模糊室內外邊界，讓空間更具整體性。

| 1 2
1. 床鋪上的大燈籠，是房間的焦點。2. 低調、內斂的旅店外觀。

改修後的 Hotel K5 外觀沒有豐富多彩的門面，也沒有絢麗招搖的門牌，而是以低調、內斂的淺灰色表情，點綴著幾處幾何形狀的雕塑，構成充滿西洋歷史風情的建築立面，持續優雅地佇立在此。K5 其實不只是旅店，而是一個「微型複合設施」，從地下室開始的各種酒館、餐廳、咖啡等設施，都希望可以成為人們聚集的場所。透出窗的歡樂笑聲、柔和的黃色燈光，替這個高架橋旁的小巷道、過去只有證券辦公場所的嚴肅區域，添上了熱鬧的氣氛，渲染了一些溫暖的色調。

入住的這一天下著細雨，從五光十色的銀座散步到日本橋兜町，周邊風景就像是走入時光機，讓我們回到百年前的經濟中樞。探訪前就稍微知道了 Hotel K5 的故事，進到旅店後，也可在某些角落與細節發現過去舊銀行的風景。在紅色的酒吧裡小酌後，窩進漸層藍色布簾後的柔軟床褥，聽著黑膠唱片機的爵士，慢慢地進到深層的夢裡。

｜喜歡的細節｜

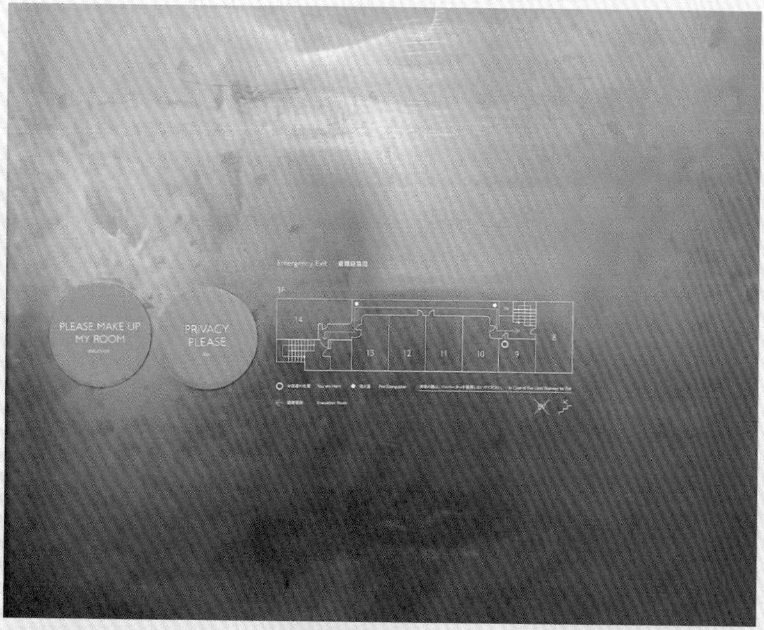

DETAIL

1
2 3 4

1. 金屬門上的逃生地圖。2. 淋浴間的金屬椅凳及特製磁磚。
3. 連續性的地磚與天花板。4. 樓梯挑空的鏡子。

延續小學歷史底蘊的上質旅宿

The Hotel Seiryu Kyoto Kiyomizu

京都清水青龍飯店

| 028 |

- 東急設計
  + 大林組
  + 乃村工藝社
  A.N.D 小坂竜

- 1933/2020

京都市東山区清水 2-204-2

夏末的京都，也許因為祇園祭、五山送火等重大祭典剛結束的關係，沒有想像中的擁擠。探訪京都好幾次，有時是工作出差，有時是旅行，大多都是冷冽寒冬或是炎熱夏季的印象。京都跟台北同屬盆地地形，夏季熱浪實在不輸台灣，每每夏季探訪，都會立下「下次絕不在夏天來京都旅遊」的狂妄宣言。

不過今年的夏末很幸運，微陰的天氣吹著涼涼的風；一如往常地跑了幾個新的建築案後，前往體驗清水道上一座優雅的新旅宿「京都清水青龍飯店」。旅宿位於京都著名景點清水寺的參道旁，雖說是「新的旅宿」，但其實是改建自約九十年前的建築物「清水小學」。清水小學是日本明治維新後，由京都眾町自治組織創辦的小學，與戰後現代主

1 2
1. 從階梯上看出的風景。 2. 新棟建築與舊建築。

義的建築不一樣，清水小學到處可見明治時期受歐美影響、轉譯的洋風裝飾，就連校舍的配置，也與我們印象裡、長方形盒子環繞著操場的樣子大相徑庭。

新的建築與空間計畫，由日本株式會社乃村工藝社 A.N.D 小坂竜先生為首，擔任旅店整體的監修與室內設計。增建的建築部分與東急設計和大林組合作，他們重新整修校舍、配置空間，加上了新的量體，新舊融合的建築繼承了小學的歷史底蘊與內涵，承載許多歡笑與故事，帶著新樣貌回歸。

外觀淡黃色牆面的人造洗石子與格子磚、建物開口與弧形窗戶的石材框邊、校舍屋頂邊上西班牙樣式瓦砌、瓦砌下的木製裝飾等，都散發著典雅的洋風氛圍；室內走廊的木製腰板、柱樑接合部的雕塑、體育館的格子天花……做為改修的既有建築，清水小學有著非常好的基底，經過清洗、重整、再規畫，毫無違和地成為高級旅宿的上質空間，散發一種優雅卻不造作的新氣息。

淡黃色校舍前，是重新整建的大階梯。

保留著原有小學的梯間樣貌。

背倚著東山的淡黃色校舍前，有一座大階梯，設計師重現了小學舊有的高低差，換上新裝，讓空間更具整體性。踩在階梯上，望著前方過去寬闊的校庭，現在鋪上了草地，點綴了一些植栽，還有一些被留下來的櫻花與橘子樹；而通往客房的新廊道旁，楓樹下的紅色郵筒依舊靜靜佇立著，都是這座小學留給旅人的回憶。

我們特地留了一整個下午給這裡，慢慢地到處散步、探尋過去那些充滿故事的痕跡，一邊尋寶一邊想像著過去的歡笑聲，心裡也充滿了欣喜。旅店的新築空間框起了校庭，草地旁的玻璃量體內是提供給住宿客人的休憩 Lounge，有輕食與飲品，還可體驗手沖咖啡或花茶，環境舒適且平靜，感覺十分美好。走回階梯高處，看著遠方山嵐風景，天色漸暗後到頂樓可看見京都法觀寺八坂塔風景的 K36 Rooftop，享用晚餐與酒後，便回房歇息。

這次雖然沒能體驗到由舊教室重新規畫而成的房間，但幸運地參觀了其中一處。原有的長方形窗口上是新設置的格子窗框，保留舊教室的樑型，空間布上新的飾板與塗裝，刪去了教室的吵雜氛圍，留下了相同的空間精神與窗外景色，溫柔細膩的色調配上柔和的間接光，溫暖了整個空間。串連著教室的走廊，是令我最驚喜的空間，設計師聰明地用了簡單的鋼板做為天花收納設備的遮板，兩側則保留舊有的天花板高度；因為旅店需求而不得不加上的設備間，則使用了有色玻璃，隱隱約約地故意露出管線，讓空間不會

新棟客房一隅。

典雅的木質感家具。

由舊教室改修而成的客房。

因為新的需求而變得擁擠狹窄。

昔日大講堂三分之二的空間，現在成為旅店的餐廳，保留了原有的高天花板與裝飾，利用新的書架區隔出餐椅領域；另外三分之一的空間則是預約式湯屋，成為寬敞、典雅又奢華的空間。

清水小學創辦自明治二年（一八六九年），在昭和八年（一九三三年）時移址到此，一直營運到了平成二十三年（二〇一一年）；近八十年的歲月，也是許多人難以忘懷的青春年華。引導我們的飯店人員說，有好多過去就讀清水小學的人們回來體驗，甚至在此舉辦小學同學會，一起看著學校的蛻變，也分享著發現過去自己在學校裡所留下的痕跡與回憶。聽了這些，不知怎地心裡覺得暖暖地，就好像是我們也延續了這個小學的故事，更一起成為了我們重要的回憶。

｜喜歡的細節｜

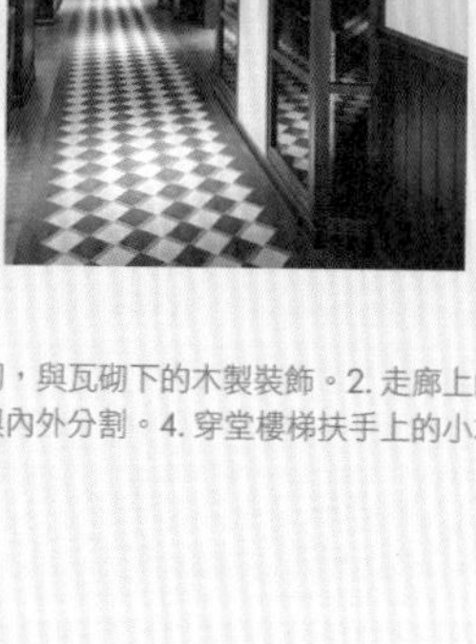

DETAIL

1
2 3 4

1. 西班牙樣式的瓦砌，與瓦砌下的木製裝飾。2. 走廊上的透明設備間。
3. 衛浴的霧面白磚與內外分割。4. 穿堂樓梯扶手上的小木擋。

有著歷史底蘊的率性風格旅店
ACE Hotel Kyoto

| 029 |

- 隈研吾
- 1926/2020

京都市中京区車屋町
245-2

一九九九年發跡於美國西雅圖的 ACE Hotel，以喜歡設計、到處旅行的年輕人為目標客群，率性、灑脫、休閒的設計，加上 Vintage 風的時髦家具、偶爾販售當地具有獨立精神的小品牌，以及空間裡充滿格調的音樂，勾勒出 ACE Hotel 極具個性與態度的嶄新風格，異於過往一般奢華富貴的精品飯店，在飯店界掀起了一番熱潮。

全球已有九家分店的 ACE Hotel，在二〇二〇年進軍亞洲，首次踏上亞洲的地點就選在日本京都，如此充滿日本歷史風情的城市。會在此落腳，正是因為創辦人 Alex Calderwood 曾在探訪京都時，與充滿歷史氛圍的「新風館」相遇，因此開啟了 ACE 與亞洲的緣分。

「新風館」建於日本大正時期，由建築師吉田鐵郎設計，原身為「舊京都中央電話局」，後來也被京都市指定為登錄文化財。經過時代變遷，卸下身份的電話局被改成複合性商業設施，這次更因為 ACE Hotel 的計畫，再次被賦予新樣貌。

ACE Hotel 找來了建築師隈研吾擔任設計監修，除了保存原有新風館的建築外觀與空間，也在同塊基地旁建造一棟新的飯店大樓，利用庭院連結新舊空間。建築的低層設計帶進傳統木作構法，木頭的嵌扣與疊加，延續著京都歷史風情；高層的建築外觀則掛上了開合不規則的格柵板，弱化建築生硬的邊界。繞過有著許多時髦商店的新風館空間，進到旅店大廳，隈研吾的木構空間與來自洛杉磯的設計公司 Commune Design 休閒又洋派的室內設計，衝撞出東洋與西洋的特殊氛圍，有點矛盾卻又相當融洽！不是過去那種傳統的「和洋折衷」，而是屬於這個時代的時髦京都。

客房裡有著兼顧美感與實用的基本配備，淺色橡木的訂製家具、令人驚豔的設計細節，暖黃色的壁面圓燈溫暖了空間。另外，每間客房裡也放入 ACE Hotel 最重要的元素「音樂」，窗邊長凳上的 TEAC 黑膠唱盤機與他們精選的唱盤轉呀轉的，搭配在地藝術家以「East meet West」為題所創作的藝術作品，空氣裡散發著輕鬆寫意的氣氛，放鬆的氛圍讓人很快地卸下一整天的疲憊，忘卻工作的煩惱與鬱悶。

室內空間的設計來自洛杉磯的設計公司「Commune Design」。

京都的 ACE Hotel 除了極具特色的飯店空間設計之外，也多了許多首次進軍日本的商店、咖啡廳或餐廳品牌，隈研吾的木構架設計穿梭室內、外，連結主題各異的空間，各店面的室內設計也取用木質感特色，串連整體設計氛圍。

我曾探訪過倫敦的 ACE Hotel，摩登、率性、不造作的氛圍令我印象非常深刻，京都的 ACE Hotel 可能因為厚積著歷史底蘊，或是日本人與生俱來的謹慎性情，比起歐洲的不拘小節，稍稍多了點纖細、縝密的感覺——我想，這種亞洲與歐美的文化衝突，正是 ACE Hotel Kyoto 令人著迷之處吧！

窗邊長凳上放著
TEAC 的黑膠唱片機。

以木作家具為基調的客房設計。

｜喜歡的細節｜

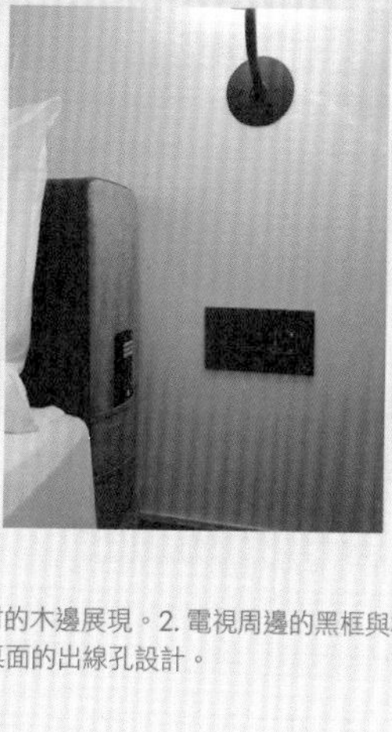

DETAIL

1
2 3 4

1. 家具的木頭積層材的木邊展現。2. 電視周邊的黑框與檯面的皮革收納袋。
3. 床頭的收納。4. 桌面的出線孔設計。

回到一九三〇年的任天堂總部

丸福樓

MARUFUKURO

一九三〇年竣工、南北三連棟ＲＣ造（Reinforced Concrete，鋼筋混凝土建築）的丸福樓，是任天堂舊本社社屋。二〇二二年，原本 Art deco 風格的舊建築，與極簡清水混凝土的安藤忠雄建築巧妙融合，在京都鍵屋町以旅宿的身分重新誕生。

可能很多人跟我一樣，對任天堂的印象只停留在《超級瑪利歐兄弟》或其他膾炙人口的各種遊戲機，卻不知道成立於一八八九年的任天堂品牌，在最初的七十五年間是以生產日式花牌、西式撲克牌為主要業務，一九七〇年後才投入電子遊戲產業，成為現在我們熟知的世界級企業。

丸福樓留著舊時代任天堂的各種故事，精緻的磚石與雕花、華麗的金屬窗欄、古美的皮製沙發或木家具、充滿歷史痕跡的卡牌花札木箱……遺留至今的丸福樓有許多令人湧起情懷的角落，老派卻時髦。

| 030 |

- 安藤忠雄
- 1930/2022

京都市下京区正面通加茂川西入鍵屋町342

福
福

保留著時代樣貌的舊空間。

新舊建築的對比。

山內家族自行營運的圖書空間。

現在，成為旅宿的丸福樓，除了留著當初的歷史風情，舊建築之間夾著安藤忠雄的簡練設計，展現了這個時代的新樣貌。安藤先生跳脫原有舊空間樣式，打造出乾淨極簡的混凝土建築，巧妙串起了新舊建築，讓我想起了他在威尼斯的海關現代藝術館（Punta della Dogana），或是東京國際兒童圖書館等新舊建築的改修案例——傳統複雜式樣、多彩雕花裝飾裡，突然冒出一個冷冽的混凝土量塊、無色彩的簡練空間，令人彷彿穿梭在時空中。我很喜歡這樣的新舊碰撞，那是一種時代的對話，也像是游移在時光機裡的蟲洞之感，沒有誰去迎合誰，卻如此和諧。

丸福樓的二樓是任天堂山內家族自行保留營運的圖書空間，呈現他們對老本社的濃厚情懷。室內找來了由谷尻誠帶領的 SUPPOSE DESIGN OFFICE 團隊擔任空間設計，裡頭

1 2 3　1. 樂高製成的丸福樓模型。2. 迎賓飲料檯後的窗花，是舊時代產物。3. 舊建築的等待 Lounge 一隅。

不但放著許多任天堂的故事，還有一些數位科技的互動裝置與互動藝術，讓你從各種方式認識舊時代的任天堂。這裡雖然沒有我們熟悉的那些遊戲角色，卻反而更引發人們探索歷史的好奇心。

新棟旅宿風格單純簡練，但依舊取了一些過去建築樣式為元素，做為室內空間的修飾與選品風格；不同房型內的設計與家具備品也有不同的選配，創造出最寬敞舒服的空間。房內提供零食飲品，二樓自助調酒的吧檯以及提供精緻小點的 Lounge 也可自由拿取，溫暖親切的服務，更讓人自在滿意。

餐廳「carta.」附屬在丸福樓旅宿的最後一棟樓，由日本女性料理家細川亞衣監修的空間與菜單，提供丸福樓的旅客最溫潤柔雅的料理與氛圍。與旅店空間完全切開的全米白色空間裡，中央的大吧檯搭配木製高腳藤椅，一旁的兩組白色大理石圓桌上擺著木質、金屬的餐具，呈現溫暖而優

餐廳「carta」溫柔優雅的空間。

早晨的陽光與東山風景。

房間以深色木頭表現沉穩氛圍。

安藤忠雄在房間裡的簽名。

雅的氛圍；正面牆上的磁磚與空間裡的玻璃燈飾，則是出自藝術家之手。穿著白衣的女性們在廚房與吧檯間忙碌著，優雅的姿態與細膩的一舉一動，都是空間裡的唯美風景。

夜間的曖曖燈光下，細細品嚐充滿手感的器皿裡細川小姐特製的餐食，口感溫潤淡雅且層次豐富，配著京都特有的酒品，療癒了一整天的疲憊。

隔日早晨，伴著東山升起的日光，嚐著溫和柔美的朝食，特殊的調理方式呈現了食材原有的美好滋味。看著窗外京都東山的風景，川鷺佇立在日式屋頂上，多希望能就這樣一直閒適安逸。

｜喜歡的細節｜

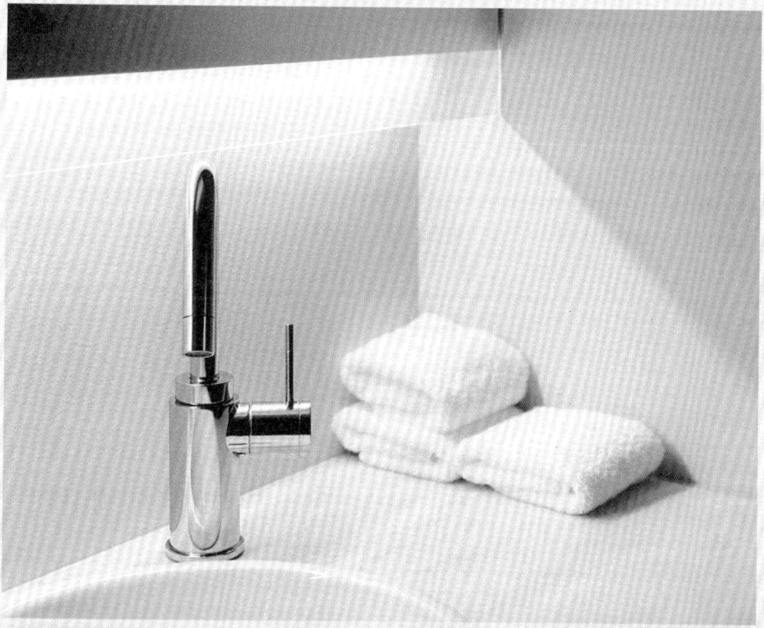

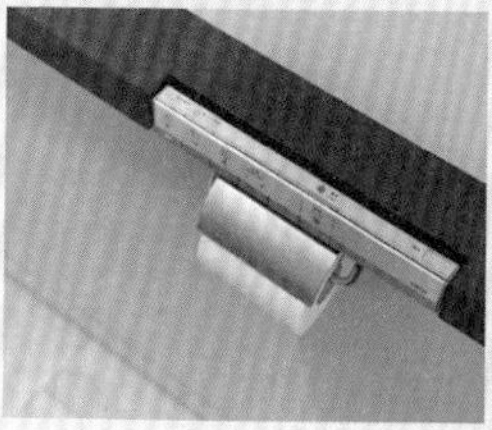

DETAIL

1
2 3 4

1. 鏡子間接燈的霧面玻璃。2. 便器遙控器的設置空間。
3. 過往儲物櫃的再利用。4. 古老的花磚細節。

NIPPONIA
HOTEL

變身質感旅店的昆布倉庫

NIPPONIA HOTEL 函館港町

NIPPONIA HOTEL HAKODATE PORT TOWN

｜031｜

- wasab! co.,ltd./ 笹岡周平＋松本直也
- 昭和初期 /2021

北海道函館市豊川町 11-8

在日本鎖國時期，北海道函館是少數對外開放的貿易港之一。因與歐美各國來往貿易，西洋文化也滲入城市，因此函館的街道上林立著各國特色建築，充滿異國風情。明治維新時期，函館港持續開發，成為日本對外最大聯繫港口，並在一九三三年蓋起了巨大的紅磚倉庫，也就是現在的「金森紅磚倉庫群」。在這些連續的倉庫後方，有一棟過去做為儲藏昆布的長型倉庫，在二〇二一年成為日本地方創生公司「株式會社 NOTE」（NOTE Co.Ltd.）旗下的新旅店：NIPPONIA HOTEL 函館港町。

株式會社 NOTE 以「傳承地域的生活文化」為目標，成立於二〇一六年，旗下品牌「NIPPONIA」與「NIPPONIA HOTEL」都著重於重新活用歷史建築空間與文化財，結

1 2

1. 櫃檯旁的牆上，是藝術家以函館山為意象所創作的作品。2. 在原有的舊空間裡，建起新空間。

合在地住民、職人、飲食文化、風俗與工藝，藉由這樣的事業，解決地方人口外流或高齡化、歷史文化消失等問題；更希望以觀光的方式，讓旅人認識地方文化，共同延續這些過去的故事與生活。他們在一些小小的觀光地區，找到獨一無二的歷史空間，整理出最適合的樣貌，有時是餐廳、店鋪，有時則是旅宿。由 VALUE MANAGEMENT 營運，提供專業旅宿服務的「NIPPONIA HOTEL」，在北海道的函館、兵庫篠山或廣島竹原製塩町等地展開，不但可同時感受土地的歷史，也能得到精緻的旅宿服務。

NIPPONIA HOTEL 展現了地方最原本的生活樣貌、最實在的地方料理，其提供的宿泊服務，則來自地域裡住民們的貼心與款待。有時是一整棟的歷史建築，有時則是分散在聚落中好幾棟的文化財所構成。藉由實際體驗在地文化，與在地住民交流、品嚐在地美食，並在有著乾淨樣貌的舊空間裡度過特別的時光，感受非日常的時刻，留下令人回味的美好記憶。

旅店大廳兼用餐空間。

房內的木紋牆，皆來自北海道的楢木。

由二樓望向大廳的風景。

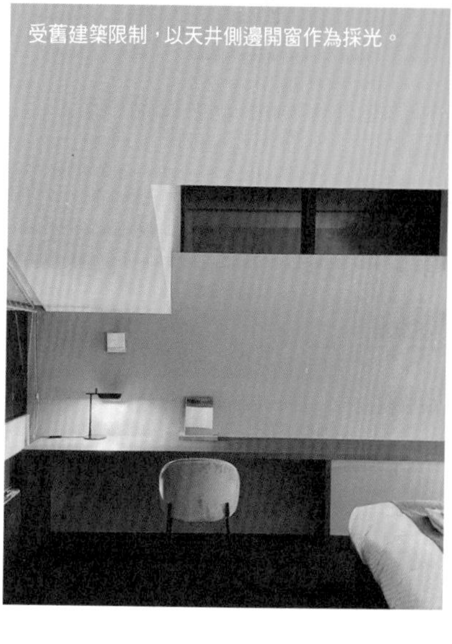
受舊建築限制，以天井側邊開窗作為採光。

「NIPPONIA HOTEL函館港町」的重生，找來了設計師笹岡周平與建築家松本直也，保留了原有儲存昆布的倉庫基本型態，在一部分的屋頂開了新的採光、去除內部牆上的厚漆，露出舊有紅磚表情；屋頂內部的木結構構架也完全保留、重新呈現，兩邊打上間接燈光，成為旅宿大廳兼用餐空間。挑高的天花掛著叮叮咚咚的垂燈，牆面上則點綴著幾幅藝術作品，新舊材料的切換與新空間的重置，讓空間溫暖且富有層次。

除了基本的耐震補強以外，新設空間以「充填式構造」（infill Structure）的方式，不破壞原有的建築體與構造，提供旅宿服務空間與房間。建築師在倉庫裡搭起新空間，分成上下兩層樓、九間房間，房內床頭的木紋牆皆來自北海道大雪山的楢木，空間則以灰色為基調；不同的是每間房內的織品配色、軟裝選物有些許的差異，或鮮豔活潑或沉穩內斂，讓每間客房都有不同的個性，也給予再訪旅客驚喜。

我們住進了一樓的紅色房間，也參觀了其他顏色的房型；房裡偶爾可以透過玻璃看見原有建築物的結構、壁面，像是藝術品一般被框展出來。房內的裝飾與備品的選用，也獨具氣質又時髦，襯著舊空間的氣息，似乎更有品味了。

「NIPPONIA HOTEL 函館港町」的舊空間其實是一個單純、沒有太多變化的長型倉庫，但經由建築師重新規畫與設計，創造出許多不同層次的空間。雖然因為大小的限制，沒有太多讓人休憩的公共空間，但大房裡的舒適空間、旅宿提供的豐盛餐食，依舊令人留下了深刻的印象。

水杯是我喜愛的品牌「1616」。

不同房間有著不同的織品配色。

｜喜歡的細節｜

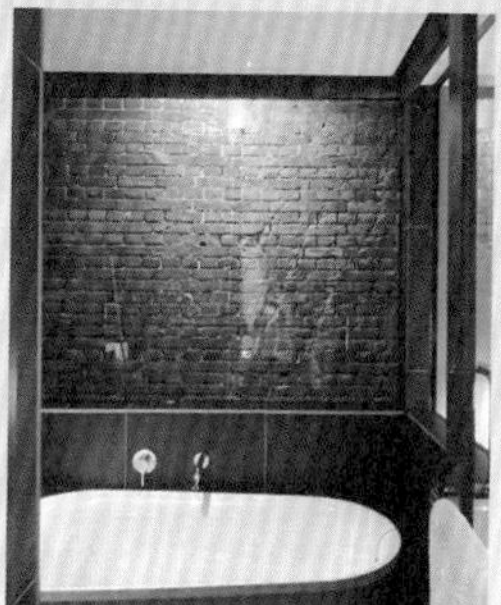

DETAIL

1
2 3 4

1. 配合著斜屋頂造型的斜面大門。2. 配合著斜屋頂造型的百葉簾。
3, 衛浴裡被框起的紅磚牆壁。4. 房間裡的特選備品。

輯八 民宿&獨棟旅宿

介於旅宿與家之間的溫暖空間

日本的民宿或獨棟旅店的旅宿型態，最初大多為私人經營的小規模住宿空間，取得日本旅館業法的簡易旅宿營業許可，以提供住宿服務的樣貌為主。近年，除了私人經營的小型住宿空間以外，日本許多本來不是旅宿產業的企業，也以「販售生活風格」、「保存歷史文化」或「連結在地人與品牌」等概念，築起了小型的旅宿空間或獨棟旅宿。比起一般的中大型旅宿，這樣的民宿或獨棟旅宿更讓人覺得親切，像是住進了哪個親友的家，或者是短暫拜訪了好久不見的朋友一樣，內心總是暖暖的。

1
2
1. 位於輕井澤森林中的輪之家。
2. MALDA Kyoto。

森林中的獨棟旅宿

輪之家／屋之家

Karuizawa Ring House(Wo no ie)/Annex(Ya no ie)

｜032｜

- 武井誠＋鍋島千恵／TNA
- 2006/2022

長野県北佐久郡軽井沢町茂沢海付 563-23

東京近郊的輕井澤是日本人最愛的避暑勝地之一，也有不少人除了工作所在地的住所以外，在這裡擁有自己的夏季別墅，甚至還會找知名建築師設計別莊。像是由吉村順三設計的「輕井澤山莊」，或是這幾年才公開，一九七三年由黑川紀章設計的「膠囊別墅K」，都藏在這個別墅勝地。

往西邊一點，由武井誠與鍋島千惠帶領的TNA團隊所設計的「輪之家」也佇立在輕井澤的森林裡。「輪之家」完成於二〇〇六年，特別的設計與嶄新的空間，獲得不少海內外的建築獎項，除了是主人自己的度假別墅以外，平常也做為獨棟旅宿出租。我也與朋友們相約，找了個假日，一起來體驗這座森林裡的度假別莊。

「遠離都會的喧囂，帶你從日常到非日常，在這個玻璃盒子裡，感受輕井澤的大自然。」輪之家網頁上的文案，讓我們還未出發就充滿了欣喜與期待。從東京搭乘新幹線

1. 三樓的臥房一樣以木質為主調。2. 玻璃模糊了邊界，在屋裡也像身處自然中。3. 泡澡時也能享受自然。

出發，再從輕井澤車站租車前往，穿過自然的綠意，來到一畝森林，像是尋寶般地找尋輪之家的所在。終於，遠遠地看到一座被深色木頭一圈圈環繞著的玻璃方盒子，就像是只有建築物的骨骼漂浮在森林中一般，有一種不可思議的氛圍。

管理人帶我們從一旁的小橋進到建築物裡，四周的玻璃模糊了內外邊界，客廳的大挑空裡，木質感內裝讓人感覺依舊身處在自然中。白色的樓梯串起整棟建築，三樓的臥房有著絕佳的景色與完備的衛浴空間，低矮的浴缸讓視線剛好可以眺望外面的森林；樓層中心的木盒子隔開衛浴與寢室，內部則是廁所與儲藏空間。建築雖不大，卻有好多意想不到的細節，我們在裡面爬上爬下，從不同的高度感受不同的眺望，有趣的配置也讓我想起當初愛上日本住宅設計的初衷。

二〇二二年，屋主在輪之家的下方建起了兩棟小木屋，一樣找來 TNA 團隊設計，命名為「屋之家」。與住宿空間分開的衛浴棟有著完整的設施，寢室棟的三角形造型，就像是

客廳的大挑空，木質感的內裝。

三角形的大面開窗讓室內開闊。

輪之家與屋之家。

在森林中搭起了帳篷一般，兩面大玻璃面向輕井澤的森林，能輕易地感受到森林的風與光——比起輪之家，這裡又更接近自然大地。

天色漸暗，一群人忙碌地準備著夜晚的ＢＢＱ派對，點著小營燈享受信州一帶的美酒與佳餚。過往因為工作的關係，經常往來東京與輕井澤，但也因為忙於工作而錯過享受自然的美好與悠閒。這樣的獨棟空間不但讓人可以徹底放鬆，體驗建築師設計的各種巧思，更能領略自然之美，享受與好友們相聚的幸福時光。

｜喜歡的細節｜

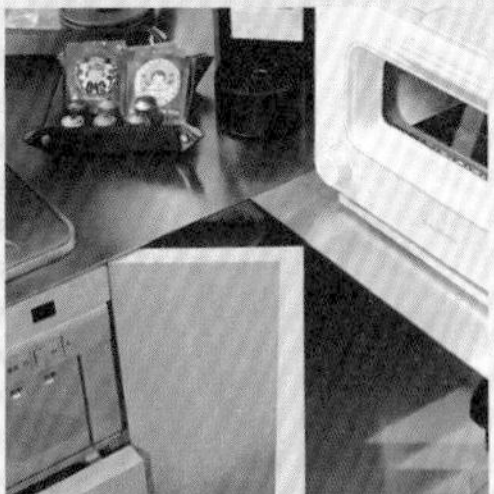

DETAIL

1
2 3 4

1. 屋之家的斜天花與吊衣桿。2. 廚房轉角櫃的櫃門設計。
3. 廁所門的門鎖扣盒位置。4. 不鏽鋼櫃板與小孔插座。

不疾不徐、自在安舒，令人放鬆的京都旅宿

MALDA Kyoto

| 033 |

- VACANCES

- 2018

京都市中京区堺町通御池下る丸木材木町684

出生於波蘭的德國設計師 Jurgen Lehl 於一九七一年因為工作訪日，便與日本結上了緣分；隔年創立了同名的服飾品牌後，長居日本。以「儘管在都會喧囂裡，也要像是被大自然擁抱一般，心靜平和、從容自在」的生活風格提案，用天然素材做為服裝布料，剪裁輕鬆卻不失設計感，更強調以手作縫製每一件衣服，帶給崇尚自然生活的人們最舒心平和的感受，在日本有不少擁護者。除了服飾以外，品牌近年也有許多生活選品或自家製作的食料品，簡樸卻充滿品味；位於東京清澄白河與青山的店鋪，可以說是完整營造了 Jurgen Lehl 想要傳遞給每個人那種接近自然、樸實適切的生活風格。

二〇一八年，Jurgen Lehl 在京都開設了宿泊空間「MALDA Kyoto」，被木格柵包覆著的四層樓建築物靜謐地佇立在京都的巷內。一樓是咖啡廳「CAFE MALDA」，樓上則是

MALDA

1 2 3

1. 灰色混凝土風格的衛浴空間。 2. 一體成型的洗面檯。3. 細長的玄關空間，擺著 Jurgen Lehl 的圓椅凳。

客房空間；整個旅店只有三間客房，有著一樣的配置，僅以室內色彩做為區分，分別是赤色、青色、墨色。進房後，走過細長的玄關走廊，廚房、餐廳、衛浴、寢室、櫥櫃，或吊桿、生活備品等，都展現了Jurgen Lehl的概念與風格，呈現一種最自然、自在、能放鬆心情的場所與空間。

這次的探訪是因為工作出差的停留，抵達旅店時已是午夜。墨色的房內雖然有點昏暗，但剛好培養休息的氣氛；放著自己喜歡的音樂，在灰色混凝土風的衛浴空間，洗掉今日工作所帶來的一身疲倦與煩躁。大房間裡除了有兩張大床，還有個長形臥榻、幾張矮圓椅凳，泡壺MALDA Kyoto所提供的自然茶，在臥榻上沉澱了一整天的奔波，整頓了心情、準備入睡。

正好隔日是週末，很幸運地多了許多時間，可以在房裡悠閒逗留。雖然看不見外面的風景，但早晨的陽光灑入，灰色洗石子的地板、墨色粉刷的牆面、沉穩深色的木質感家具……室內的景色已足矣。九點鐘，MALDA Kyoto的主

墨色主題的房間，以灰黑色的織品為主調

人送來了豐盛的早餐，自然野菜烹煮成的料理擺在素樸的器皿上，透過白色窗簾的和煦光線，讓空間與料理看起來更加溫暖。

MALDA Kyoto 雖不像著名的飯店或高級旅店，有高級的接待大廳、餐廳或酒吧 Lounge 等完整設施，而是將這些機能放到房間裡——與其說提供住宿服務，不如說是提供了一種自然樸實的生活風格體驗；少了許多紛擾，讓人更感到輕鬆舒服、不疾不徐、自在安適，是讓人期盼能一直這樣安靜待著的平和氛圍。我心目中一直有幾家覺得值得再訪的旅宿，MALDA Kyoto 令人平靜的空間與氣氛，也讓我決定若有機會再訪京都，還要再到這個空間讀書、寫字，真正的放鬆休息。

房間裡有著簡單流理臺空間。

早晨 9:00，健康豐盛的早餐。

｜喜歡的細節｜

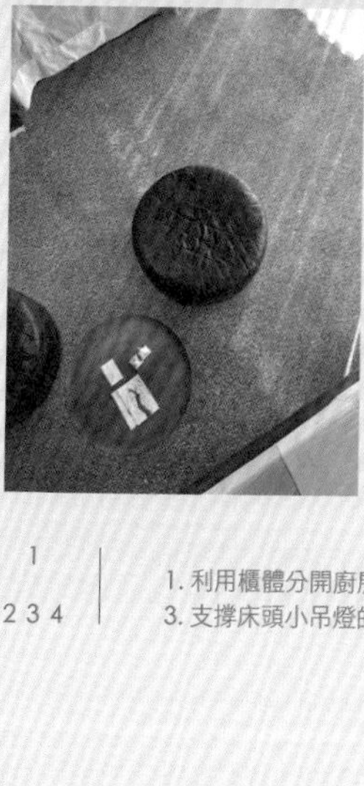

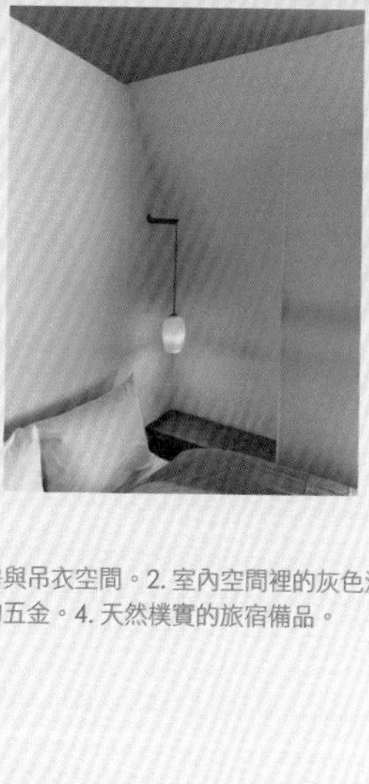

DETAIL

1
2 3 4

1. 利用櫃體分開廚房與吊衣空間。2. 室內空間裡的灰色洗石子地板＋地暖設備。
3. 支撐床頭小吊燈的五金。4. 天然樸實的旅宿備品。

在獨棟京町家旅宿，體驗一夜溫暖京都

京の温所 御所西

Kyo no Ondokoro GOSHONISHI

| 033 |

- graf
- 2019

京都府京都市上京区衣棚通椹木町上る門跡町291

日本傳統的町屋（まちや）建築，是舊時代市井小民所居住的房子，也是商家與住家一體式的建築物。建築的前方做為店鋪，一旁會有「土間」＊接續後方或樓上的住家，土間上可能設置著廚房或爐灶，上方則是挑空的天花，以便炊煙散去。町屋通常是長型的，面寬窄卻縱深長，與隔壁緊鄰有著共同壁，有一點類似台灣的街屋型態。

日本町屋的發展歷史悠長，每個區域也有不同的形式與用途。而京都的町屋俗稱「京町家」，與江戶（現在的東京）最大不同之處，便是有著極具特色的「格子」，來製成建築物的門與窗。一樣是長型的空間型態，中央或後方經常會有個「坪庭」，是「房子裡的開放空間」，也常被裝飾成一個小庭院，引光、風進到屋內，成為自家的小世界。

二次大戰時日本各地受到美軍攻擊，大火燒去不少傳統町屋，被留下來的町屋也面

＊泛指需要穿鞋、沒有鋪地板材料的室內空間。

從餐廳、客廳可直望屋內中庭。

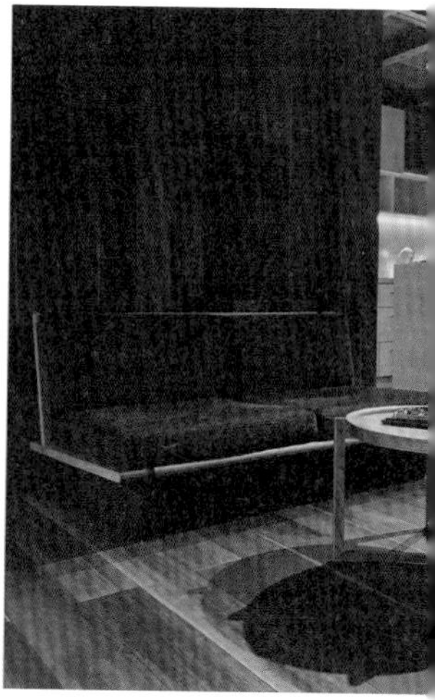

1 2 3　1. 完善的廚房機能。2. 二樓走廊的閱讀空間。3.graf 品牌家具。

臨老朽與居住者高齡化等問題，逐漸式微。二〇〇〇年開始，京都市通過了「京町家再生計畫」，重新重視京町家的保存事項，也有許多企業一起投入這項事業，留下這些充滿故事的建築空間。

日本企業華歌爾除了我們熟知的服飾產業外，在創始地京都，更展開了保存京都文化、京町家風情的新企畫。二〇一八年，華歌爾創立了「京の温所」之旅宿型態品牌，向町家主人借來空間，改修既有的京町家，成為溫潤柔雅的獨棟旅店；以「做為房子主人與客人間的橋樑」概念出發，接待各地的旅人，讓他們體驗京町家的空間，享受京都的優雅美好。除了提供美好的空間以外，更與當地傳統商家攜手合作，藉由入住前的介紹，與旅人分享最在地的情報。十年後、十五年後，完成使命的町家們，會以被改修後的漂亮樣貌，重新還給屋主，繼續傳承這美好的空間，傳承京都的文化與歷史。

目前共有七所京町家參與了「京の温所」計畫，分別座落京都各個充滿風情的巷道中。這些町家的改修，有些請來知名家飾品牌如 KARIMOKU、graf 著手整理，有些則邀請了建築師中村好文與織品設計師皆川明共同設計改建或建築團隊 TORAFU 一同企劃空間。內部空間各有特色，但是每個「家」前，都會掛著京の温所的暖簾，歡迎著來感受京都生活的各地旅客。

我們這次體驗了位於京都御苑旁的「御所西 #6」，由日本的設計、生活提案品牌「graf」擔任空間設計及家具選品。改修自傳統兩層樓町家型態的御所西，雖然沒有連通前後的土間，但客廳後方有一個屬於自己的可愛庭院，開放式的廚房與餐桌上方的挑空直接可以看到木房子的結構，整個木質空間相當溫馨且令人放鬆。二樓則是臥房及小和室，挑空旁的走廊上設有長凳及書架，牆上掛著藝術作品，搭配暖黃的燈光，很適合飯後的小憩，到這裡喝茶、翻書解解膩。

日本很多新建或是改修的房子，為求施工方便都會採用整體式衛浴，而御所西的衛浴空間，僅採用「半整體式衛浴」——浴缸之上的牆面貼著杉木板，一進到衛浴空間就傳來淡淡杉木香氣，搭配京の温所選用的溫潤衛浴及髮品，這個睡前的全身浴特別令人感到舒心。的確，就像是京の温所的宗旨，要讓你就彷彿是「住在京都」一般，像是在度

簡單舒適的臥房，令人放鬆。

「竹屋町＃8」是有著店鋪的町家。

原有的町家「土間」空間。

過「另一個美好日常」。

過往到京都旅行，因為新鮮好奇，總是匆忙地觀光、踩點；近年因為工作的關係，已多次往返關西一帶，這次反而多了些清閒的時間，能在這個溫馨柔雅的京町家裡多待上一會兒。翌日退房後，想起主理人介紹的其他町家及幾家知名老鋪商店，便悠悠地前往另一處町家：竹屋町＃8，那是一家住居前方設有店鋪「BREAD、ESPRESSO & HONJITSUNO」咖啡廳的小屋，也正好讓我們體驗到典型「職住一體」*的町家風情。店員們熱情的招呼、和藹的微笑，讓人相當暖心。我們在「土間」吧檯用過早午餐、買了些可愛的伴手禮，最後搭上快車，身心飽足地返回東京。

*指自家商店與住家在同一棟建築。

｜喜歡的細節｜

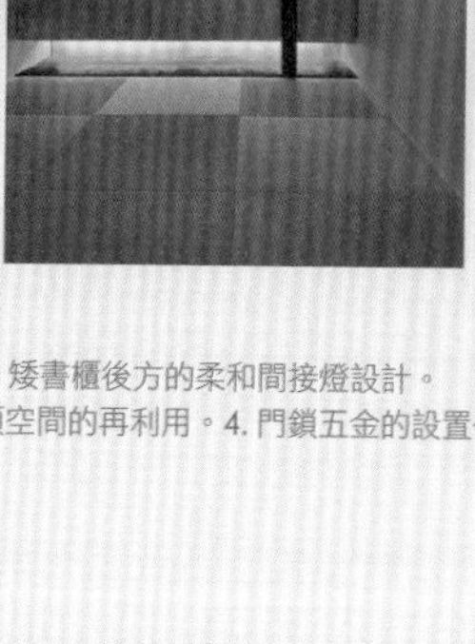

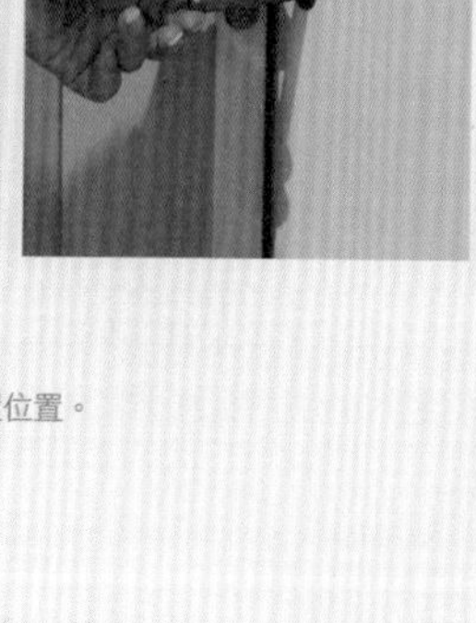

DETAIL

1
2 3 4

1. 半整體式衛浴。2. 矮書櫃後方的柔和間接燈設計。
3. 和室空間，斜屋頂空間的再利用。4. 門鎖五金的設置位置。

石巻工房的溫馨小屋

石巻 Home Base

Ishinomaki Home Base

二〇一一年東日本三一一大地震，日本的東北地區受到了嚴重的災害，也帶走了許多人的生命。這十多年，東北地區復興活動依舊持續進行，土地與人們慢慢撫平傷口，最近一次的東北行，不但看見許多新的空間，也重新看到了人們的笑容。

在這樣的背景下，一個溫暖的日本家具品牌「石巻工房」誕生了。

在地震前，日本建築師芦沢啓治於石巻市設計了一個小餐館，地震後餐館也遭受波及。由於當地災情慘重，政府的支援也不知道何時才會來，當時他想著：「從事建築事業的我們，應該要利用專業，替這裡做些什麼吧！」所以他主動帶領當地居民，找來其他建築師或職人們，一起修復破損、再建房子。經過這樣的活動，「製作在地物品」這個概念慢慢地在他心中浮現，也成了「石巻工房」的產品製作初衷與品牌精神。

| 035 |

- 芦沢啓治
- 2020

宮城県石巻市渡波栄田91

其實，芦沢啓治在二〇〇五年就於東京成立「芦沢啓治建築設計事務所」；畢業於橫濱國立大學建築系的他，有著紮實的設計能力，事務所不只從事外部的建築設計，也經常一手包辦內部空間、細部家具設計。他在接受線上雜誌《curiosity》的採訪時，提到「誠實的設計」（正直なデザイン）這個概念；在他學習建築的那個時代，整個社會還留有一點泡沫經濟時期的氛圍，因為整體環境富裕，許多建築師們也想趁著這股氣勢，設計「獨特的建築」、「可以引起話題的建築」；雖然確實有很棒的作品，但在住宅空間上卻沒有太多的考量，對許多不明就裡的民眾來說，其實不是利於居住的房子……當時他就想著，身為專業的建築師，更應該誠實面對社會，以誠懇的心來做設計。於是「誠實的建築」成為他創立事務所的理念，也提醒著他不要忘記設計的初衷，呈現建築最原本的姿態；他也持續在設計過程中，不斷找尋與探索那些最真實的樣貌。

結合這樣的理念，二〇二〇年，芦沢啓治帶著團隊，在離家具品牌「石巻工房」的工廠不遠的地方，建起了名為「石巻 Home Base」的小房子，希望以這裡為基地，連結來此探訪的每個人。簡單樸實的空間呈現著他的設計理念，充滿溫度的木頭與暖黃色的燈光，在這個工廠林立的小鎮裡面，像是一個熱呼呼的暖爐，溫暖著來此的每一位朋友或旅客。

陽光打進一樓的咖啡空間。

二〇二二年夏天的尾聲，我與朋友相約，有了一次探訪的機會，不但參觀了石卷工房，也在「石卷Home Base」過了一夜。小房子有兩層樓，一樓的咖啡空間提供訪客及在地居民使用，挑高空間下擺放的家具全出自石卷工房，一旁有著咖啡吧檯、商品販售角落還有視聽空間，不定期舉辦活動或手作工作坊，讓訪客製作簡單的木製家飾或家具。二樓則找來了設計師藤森泰司與TORAFU建築設計事務所，整理了四間房間，供給旅客們過夜休憩，在可以自由使用的共用廚房，調理從城鎮購買的在地新鮮食材與海鮮，與朋友們一起料理、一同享用，在這個樸實又溫暖的空間裡，感受溫馨悠閒的時光。

由TORAFU設計整理的客房。

供給旅人使用的共用廚房。

｜喜歡的細節｜

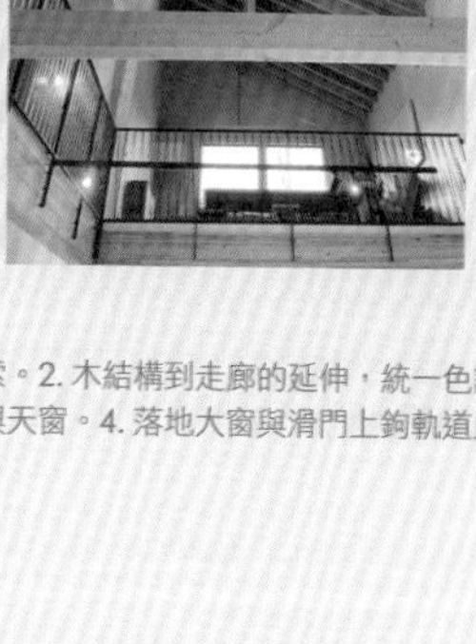

DETAIL

1
2 3 4

1. 扶手的五金與繩索。2. 木結構到走廊的延伸，統一色調的無框房門。
3. 屋頂結構的呈現與天窗。4. 落地大窗與滑門上鉤軌道比例。

輯九

旅宿建築與其他服務

不住宿，也可以享受旅宿風光

旅途中，總有一些很想體驗卻不得不割捨的旅店，也許是時間不夠，也許是預算不允許。不過，許多旅店的附屬空間，除了住宿的旅人，也經常提供一般外來的客人使用，像是餐廳、咖啡廳或是酒吧，不但可以感受旅店的氛圍，也可以沒有負擔地享受那些美好時光。

也有時候，旅宿建築外觀比起內部空間還要來得有趣，所以旅店的外部巡禮也常常成為我的行程之一，期待親自走訪後還會發現一些驚喜！

1. 餐廳 Erretegia 一隅。
2. 隈研吾設計的 ONE@Tokyo。

Bellavista Spa & Marina 尾道／Restaurant : Main Dining Erretegia

| 036 |

- 中村拓志
- 2007/2010

広島県尾道市浦崎町大平木 1344-2

中村拓志最著名的作品之一「緞帶教會」，其實是隸屬於旅店「bellavista spa & marina 尾道」的婚禮教堂空間；而一旁面海的山頂上，還有另一座細長的玻璃建築，及一間可以看海的餐廳「Erretegia」。這兩座建築亦是中村拓志的作品，不僅是提供舉辦婚禮的新人及家族朋友們的用餐場所，也是讓像我們這樣的旅人輕鬆看海、享用美食的空間。

這天，看完了緞帶教堂後，我們便前往 Erretegia 用餐。途中經過了這座細長的玻璃建築物，他的屋頂是由特殊木頭桁架所構成，長達36 × 6.8公尺，屋頂下的長空間中央，放置一字排開的桌椅，直長的空間相當氣派。周圍的玻璃外牆隨機置落，成了一個風與視線都可穿透的舒適空間。為了減少玻璃所帶來的冷冽氛圍，建築師使用當地生產的赤松木製成纖細的屋頂架構，約一千六百根木材構起溫柔的桁架、搭起雙層屋頂，從裡頭望出去，可看見瀨戶內海閃閃爍爍的，湛藍的天空更讓人目不轉睛。

在餐廳 Erretegia 中，低矮的屋簷向外延伸，玻璃窗外的水池與瀨戶內海的自然風景連成一線，一樣都是難忘風景。中村拓志巧妙地將廚房的概念融入空間，為用餐體驗增添了獨特的臨場感。空間中的不鏽鋼桌檯既是料理檯，也是餐桌，客人可近距離觀賞主廚製作料理的過程，讓人印象深刻。

約1600根木材構起溫柔桁架。

可看見海景的用餐空間。

長達36公尺的細長玻璃建築。

TRUNK（HOTEL）／Bar：TRUNK（LOUNGE）

| 037 |

- MOUNT FUJI ARCHITECTS STUDIO+ 安宅設計 / Bar_Jamo associates/ Shop_TORAFU ARCHITECTS
- 2017

東京都渋谷区神宮前5-31

二〇一七年，都會旅店TRUNK（HOTEL）在澀谷開幕，以「社交」（Socializing）為主要概念，帶入旅店裡的每一個角落，除了率性風格的客房設計以外，「社交型旅店」裡的其他公共空間，一樣也充滿了都會時髦感，除了住宿旅人，也提供給非宿泊者使用：大廳兼酒吧、餐廳、串燒店、商店等，每個空間都有不同的設計風格，旅宿商店

TRUNK（STORE）外觀。

以白色為主調的市內空間。

TORAFU ARCHITECTS 設計的 TRUNK（STORE）

TRUNK（STORE）更找來了日本建築團隊 TORAFU ARCHITECTS，白色的金屬空間裡，擺著許多個性商品以及旅宿自家品牌的系列商品，每件商品都充滿魅力，讓人想通通帶回家。

雖然沒有入住過 TRUNK（HOTEL）的客房，但很喜歡整個 TRUNK 的氛圍，也很常與朋友相約到一樓寬敞的 Bar 放鬆聊天。TRUNK 偶爾也會找來知名 DJ 放歌，週五或週末夜晚的派對，總可看見各種國籍的朋友直接在大廳裡開心起舞，暢快喝酒，大聲聊天，彷彿置身歐美派對。

TRUNK（HOTEL）接下來這幾年也將在奧澀谷一帶展開第二家旅店，更有新品牌的創立計畫，好期待他們為都會型精品旅店再創新潮流！

一樓寬敞的 Bar，很受各國朋友的歡迎。

尾道 LOG／Café : CAFÉ・BAR Atmosphere

| 038 |

- Studio Mumbai Architects（孟買工作室）
- 2019

広島県尾道市東土堂町 11-12

二〇一四年就開始的尾道旅館計畫「LOG」，於二〇一八年十二月完工。計畫找來了擅長利用自然素材的印度建築師事務所 Studio Mumbai（孟買工作室），他們將設計歸結於大地，比起「營造建築」不如說是「營造一種建築與自然之間和諧的空間氛圍」。

「LOG」改修自一九六三年建成的一座公寓，就位於尾道地標「千光寺」坡道間，一座外型不太引人注目的建築卻有著充滿日式風情的入口，走進之後沒有太過日式的庭院，也沒有木造的日式房子，只有著自給自足的小菜園及粉橘色的混凝土公寓。我們踏上了直通二樓的鐵製樓梯，包圍著我們的是充滿手感，被溫暖的粉橘色塗料塗布的寬廣空間。

「LOG」除了旅店空間以外，公共空間也開放給外來旅人參訪。建築師保留了公寓大部分的結構，將大廳、餐廳、店鋪或藝廊安排至既有的房間裡面，藝廊裡擺著 Studio

11-12
LOG

Mumbai 在尾道觀察時所收集到的情報或筆記，以及建築材料的各種嘗試與實驗樣本，無論是型態、顏色、材質甚至到家具，透過記錄的過程，更能感受到建築師的用心。

二樓的「CAFÉ · BAR Atmosphere」是一個粉紅色的空間，自然素材的木紋家具與天花板上點綴的黃色燈泡營造出溫暖氛圍，坐墊與抱枕隨興擺在窗邊的座席上，襯著有點南洋風情的麻布窗簾，感覺是來自印度的建築師親自掛上的禮物。深木色的吧檯裡，親切的店員煮著美味的咖啡，黃銅色的金屬門板恰到好處地反射了自然光線，南島的陽光滲入，和煦又溫暖。我們點了咖啡與磅蛋糕，一邊享用，一邊聽著吧檯邊店員與旅人的對話：「設計師其實為了這個案子在尾道住了一陣子呢！」、「大家還一起刷了這幾道牆面哦！」創造這些可愛空間時大家的融洽氛圍與笑聲，彷彿重現在我眼前。

在咖啡廳的那些時光，一直想著什麼時候才能住進那如繭一般、被和紙門包裹著的寢室空間，感受那透過紙門的柔和陽光，親自體驗拉開門後不同層次的景色，還有從粉橘色房間看出去的瀨戶內海風景。建築師用最自然的素材與既存的建築物對話，無論是利用觸覺或是視覺，將自然還給來此的每一位訪客，也將最溫暖的感受傳達給在此停留的旅人。有山有海的尾道確實惹人憐愛，而 LOG 旅店裡的各個粉色空間，更加深了我對這裡的喜愛。

LOG 旅店裡的咖啡廳「CAFE BAR Atmosphere」。

cafe

toggle hotel suidobashi／Café : toggle

| 039 |

- Irie Miyake Architects & Engineers+ Klein Dytham architecture
- 2021

東京都千代田区飯田橋 3-11-4

每次從住家搭中央線往東京車站的途中，經過水道橋與飯田橋之間，都會看到一座黃色與藍綠色相間的建築物，那是二〇二一年開幕的旅店「toggle hotel suidobashi」。由設計代官山蔦屋書店的建築師團隊「Klein Dytham architecture」（KDa），擔任外觀的設計監修及內部的空間設計。以「on / off, your style」為概念，在室內空間大玩顏色遊戲，不同的樓層與房間都有不同的主題配色，家具和紡織品也是依據顏色做區分，放在同色的空間裡。為了確保房內有充足的起居空間，標準客房以小閣樓的形式，分成了上下層，上方為寢室，下方則是旅人能休憩談笑、分享旅行戰利品的客廳。

旅宿頂樓的咖啡廳，也提供給非住宿的旅人們使用，我與好久不見的朋友就相約在此喝杯咖啡。咖啡廳的室內空間和客房一樣，被巧妙的切線分成兩種顏色，讓整個空間獨具特色；從四周的玻璃向外眺望，可以看見首都高速公路、總武線和中央線，是只屬於東京獨有的忙碌風景。點了杯拿鐵跟戚風蛋糕，我們坐在窗邊聊天、相互更新近況，離開前還打擾了主理人，請他讓我們參觀了幾間客房，也決定下次想要偶爾出走時，一定要來這裡體驗各種色彩的空間。

小閣樓式的設計，確保了房間裡的休憩空間。

被分成兩種顏色的走廊。

黃色與藍灰色的建築外觀，相當引人注目。

MAJA HOTEL KYOTO ／ Café : CAFÉ AALTO

日本的設計深受北歐設計影響，許多北歐家具品牌像是 Stelton、iittala、Artek 等在日本都非常受歡迎。而位於京都的「MAJA HOTEL KYOTO」更以北歐設計為主題，打造一間專為女性設計的膠囊旅店，他們找來了芬蘭工業設計師 Harri Koskinen 擔任旅店設計，以個人為單位的房型，分成膠囊式上下空間，以及稍微寬敞可走進房內的私人房型。最可愛的是，旅店的備品小包竟然是北歐服飾品牌 Marimekko 專門為此設計的布織品，此外也有販售旅店的專屬商品。

雖然沒有機會入住「MAJA HOTEL KYOTO」，但旅店一樓的咖啡廳「CAFE AALTO」也開放給未入住的旅人使用。CAFE AALTO 來自芬蘭，由建築師 Alvar Aalto 所設計，而京都店是 CAFE AALTO 的第一家海外分店；以芬蘭店為原型，牆上更貼上了建築師的招牌藍色磁磚，擺著許多 Alvar Aalto 設計的燈具與家具，提供芬蘭式的餐食，與充滿日式氛圍的京都風情截然不同。但我很喜歡這樣的衝突感，偶爾跳脫出嚴謹的和風，轉眼間悠閒地到北歐城市喝杯鮭魚濃湯……好似跳脫出緊繃的生活，放鬆了不少。

| 040 |

- Harri Koskinen

- 2019

京都府京都市中京区
槌屋町 92

咖啡廳裡放滿了 artek 家具。

岡山A&A

| 041 |

- 青木淳、
Jonathan Monk
+ 長谷川豪、
Liam Gillick
+MOUNT FUJI
ARCHITECTS
STUDIO

- 2019

A&A_JONATHAN HASEGAWA_ 岡山県岡山市北区出石町 1-6-7-1
A&A_LIAM FUJI_ 岡山県岡山市北区天神町 9-2-1

A&A是「Artist and Architect」的縮寫，由公益財團法人石川文化振興財團發起，旨在振興、活化岡山的藝術文化。而石川文化振興財團，每三年會在日本的岡山縣舉辦「岡山藝術交流 OKAYAMA ART SUMMIT」，作為藝術文化支援事業之一；這個國際型的現代美術祭，是日本中部地區相當令人注目的藝術活動。岡山做為瀨戶內的玄關，本就有著豐富的文化資源與好幾座有名的現代建築：前川國男設計的岡山縣廳、SANAA設計的岡山大學部分校舍……等，都是建築人會特地前往拜訪的地方。

岡山藝術文化振興與作為地域活化為目的的 A&A 計畫，一九九八年發起，花了二十年，找來 TARO NASU 藝廊主理人擔任藝術總監、建築師青木淳擔任藝術顧問，財團理事長的石川康晴先生則是計畫總理人。他們提出一個新概念：將旅宿設施視為「藝術作品」，讓旅人們透過住宿體驗，感受並享受藝術創作——「建築家 × 藝術家」合作的旅宿設施，就這樣誕生了。

計畫裡的兩間獨棟旅宿，分別找來「義大利藝術家 Jonathan Monk+日本建築家長谷川豪（Go Hasegawa）」與「英國藝術家 Liam Gillick ＋日本建築團隊 Mount Fuji Architects Studio」兩組團隊設計，其中「JONATHAN HASEGAWA 棟」是一棟從河岸旁的寬幅敷地延伸至街道的老屋之間的建築物，建築的型態仿造既有民家，面對河岸的建築入口面外觀低調，不過轉個彎來到老屋街道後，夾縫在老屋之間的建築卻令人驚奇，大玻璃窗可窺探到旅店內部的有趣空間，令人充滿想像。

不遠處的「LIAM FUJI 棟」因為造型獨特，加上建築立面上的藝術作品，非常引人注目。利用巨大集成材 CLT 所構成的田字框架堆疊起的建築量體，所構成的複雜空間與動線，是建築師想創造的「迷惘的空間體」，在這個認為「井然有序」才是穩定的現代社會裡，這樣複雜的空間或許可以引發周圍的人重新探討、思考「混亂、迷惘」的議題，再從這樣的混雜中，將現代社會重新組織。這個層疊錯置的量塊被灰色的波形水泥板包覆著，沒有開窗的立面，而是利用錯層的地板與天窗引入光線。我們從外部縫隙中瞧見木質感的室內，藉由網站上的照片推測內部空間配置，也想著未來若有機會，一定要入住這座建築師所創造出來的「迷惘空間」，感受他希望帶給我們的啟發。

A&A 計畫思考著「公共雕塑」的更多可能性，是否僅限於戶外的展示？是否僅限於用眼睛觀看？由藝術家與建築家所創作、這兩件既是巨大雕塑也同時是建築的作品，打

Liam Gillick + MOUNT FUJI ARCHITECTS STUDIO
計的 LIAM FUJI 棟

破了過往的認知，提供讓人實際體驗的機能與服務。儘管無法親自進到空間體驗，但走在這個有著傳統建築的街巷中，突如其來的新風景仍然讓我們耳目一新。

hotel Siro

| 042 |

- MOUNT FUJI ARCHITECTS STUDIO
- 2020

東京都豊島区池袋 2-12-12

二〇二〇年，儘管世界還籠罩在疫情之下，東京池袋西側依舊有一座外觀相當特殊的旅店開幕了——「hotel siro」找來了建築師原田真宏、原田麻魚所帶領的 MOUNT FUJI ARCHITECTS STUDIO 設計，他們翻轉過去旅店常見的集中階梯與長型走廊式配置，故意將樓梯與廊道擺在建築物的最表層，對著街道開放的樓梯們，成了建築物特殊的立面表情，也讓這座建築物成為街道上一座有趣的地標。

剪刀梯、弧形梯、旋轉梯，白銀色的鐵製樓梯們展現著各異的姿態，連接至每一層樓的外走廊；走廊的鋪面延伸進客房空間，接下來則是抬高一階的木地板、擺著床鋪的寢

白梟

由下往上望，也是一個特殊風景。

室空間——這個概念就像是傳統日本住居的玄關一樣，先經過緣側或是土間，往上走一階才進到屋內。也可以坐在這個段差上，看著外面都市景色的外走廊，吹拂著自然風，感受他們對舊形態空間的現代轉譯。

最上層的兩間特殊大房一樣由原田真宏、原田麻魚設計，以白色為基調的清爽木質空間，氛圍簡單卻溫暖，更有著充足的空間與設備。向這樣拉開門便是風景的大房間，以及有著屋頂露臺的舒適房間，讓我一直很想找機會體驗！

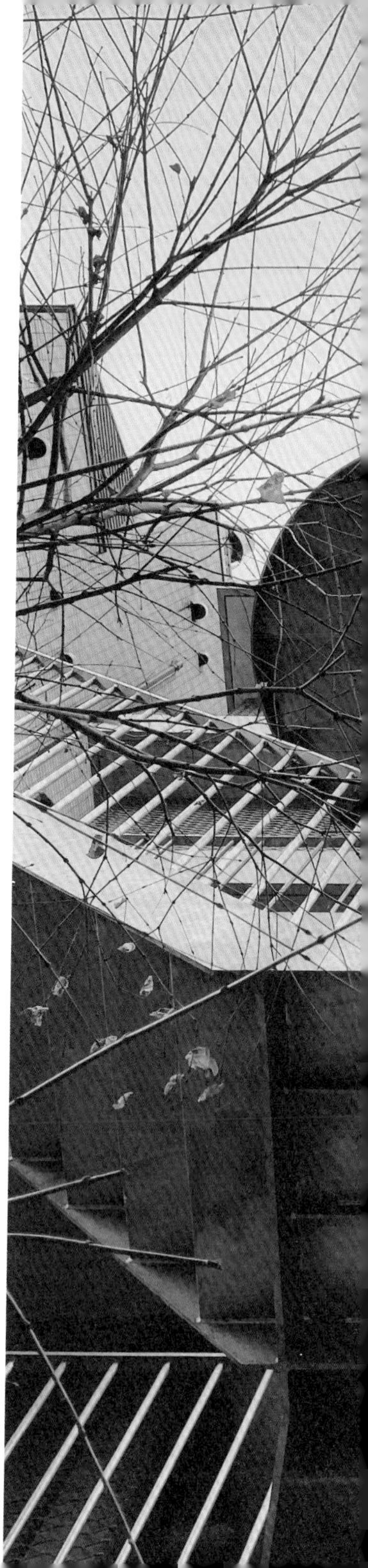

後記

這些日本好眠旅店，可以說是我在日本八年的累積。進入大多為旅店設計案的建築事務所，因緣際會地體驗了好多旅宿空間；慢慢地，真的如老闆、前輩所說的，實際去體驗空間、使用空間、感受空間，才會知道哪一些細節會影響整體使用的感覺。

以往總是過於不拘小節，只記得把行程塞滿，忘記好好欣賞旅程中的每一段風景，忘記好好領略每處設計細節，也忘記要好好體會每個空間。現在，可能也是旅行的次數多了，開始能夠取捨，也懂得讓自己的身體、心靈擁有更多休息，旅途中的住宿空間就變得更為重要。有時也想著實在沒必要大費周章，但不可否認的是，有了更舒服的休憩後，翌日的神清氣爽確實會讓人更能享受旅行。

對我來說，舒服的旅店不只是有柔軟的被褥，還包

你可能會為了一間好吃的餐廳，
或是一間可愛的咖啡廳而出走；
過去的我常常為了建築踏上旅程，現在依然，
更多了為住上一夜好眠的旅店，繼續寫下旅途的行程。

括房間採光與景致、放置行李的空間、可以放鬆的區域，一直到洗手檯的高度、廁所衛生紙的設置位置、充電插座的配置等小細節，都不知不覺成了我評估房間舒適度的小項目；當然，自己在繪製圖面時，這些經驗也都變成珍貴的資料庫。

窒悶於無趣日常、感覺需要被美的事物澆灌時，我會打開電子雜誌的App，看一些時髦的空間設計，引發讓生活過得更漂亮的慾望，更經常發現許多新的建築、設計空間或是旅店，讓我的內心又燃起悸動，迫不及待想要出走。

現在的我，心中還是有好幾間夢幻旅宿、好多想親自走訪的建築物，這些清單，也似乎變成了平凡生活中的小小動力。走吧，跟著我一起帶著這本書，讓自己的旅程也多點舒服、多點體驗，繼續與更多日本好眠旅宿相遇吧！

國家圖書館出版品預行編目資料

東京建築女子風格設計旅店選：入住建築大師之作、百年銀行 & 小學、森林別墅、京町家民宿……享受專屬你的泊食慢時光 / 李昀蓁著 . -- 初版 . -- 臺北市 : 日月文化出版股份有限公司，2023.08
304 面 ; 14.7*21 公分 . --（探索紀行）
ISBN 978-626-7329-22-1（平裝）
1. 旅遊　2. 旅館　3. 建築藝術　4. 日本
731.9　112009121

探索紀行 39

東京建築女子風格設計旅店選

入住建築大師之作、百年銀行 & 小學、森林別墅、京町家民宿……享受專屬你的泊食慢時光

作　　者：李昀蓁
主　　編：俞聖柔
校　　對：俞聖柔、李昀蓁
封面設計：十令設計
美術設計：LittleWork 編輯設計室

發 行 人：洪祺祥
副總經理：洪偉傑
副總編輯：謝美玲
法律顧問：建大法律事務所
財務顧問：高威會計師事務所
出　　版：日月文化出版股份有限公司
製　　作：山岳文化
地　　址：台北市信義路三段 151 號 8 樓
電　　話：(02) 2708-5509　傳　　真：(02) 2708-6157
客服信箱：service@heliopolis.com.tw
網　　址：www.heliopolis.com.tw
郵撥帳號：19716071 日月文化出版股份有限公司

總 經 銷：聯合發行股份有限公司
電　　話：(02) 2917-8022　傳　　真：(02) 2915-7212
印　　刷：軒承彩色印刷製版股份有限公司
初　　版：2023 年 8 月
定　　價：450 元
I S B N：978-626-7329-22-1